寻根溯源学汉字 一字一世界 轻松易懂又有趣

一字一世界

⑩

L–M

颜煦之 著

认识汉字·理解汉字·掌握汉字·运用汉字

CNS 湖南教育出版社

图书在版编目（CIP）数据

一字一世界．10，L-M / 颜煦之著．-- 长沙：湖南教育出版社，2019.4

ISBN 978-7-5539-6417-1

Ⅰ．①一… Ⅱ．①颜… Ⅲ．①汉字—通俗读物 Ⅳ．①H12-49

中国版本图书馆 CIP 数据核字（2018）第 232500 号

责任编辑：李　好
丛书策划：申晓华
版式设计：申曜年
审读统筹：申晓华
责任校对：葛文艳

一字一世界　10，L-M

YI ZI YI SHIJIE　10，L-M

出版发行：湖南教育出版社
（地址：湖南省长沙市韶山北路 443 号　邮编：410007）
经　　销：全国新华书店
印　　刷：北京盛通印刷股份有限公司
（地址：北京市经济技术开发区经海三路 18 号）
版　　次：2019 年 4 月第 1 版
印　　次：2019 年 4 月第 1 次印刷
开　　本：787 mm×1092 mm　1/16
印　　张：13
字　　数：160 千
定　　价：39.80 元
书　　号：ISBN 978-7-5539-6417-1

序

曹文轩

为他人写序无数，还从来没有一次像写这个序那样踌躇，那样焦虑，那样迟迟不能下笔，一再延宕。本是一件“轻而易举”的事，却总是不能完成，几乎日日纠结在心。自己都觉得奇怪。今天，终于坐到了桌前。因为，实在不能再拖延了——那边在急切地等着发稿呢。

造成如此状况，大概是因为我和煦之先生的友情实在太深、太浓、太厚了——总想写一个对得起朋友的序，正是这番对友情的特别在意，使得自己反而一拖再拖难以落笔了。

其实，这个序写得好或坏是无所谓的，甚至可以没有这个序，因为，他做的事，白纸黑字都明明白白地摆在眼前，其价值和意义是不用人再絮叨的。写个序，只是戴个“帽子”，不至于看上去太“秃”罢了，将区区一个小序看得那样“严重”，实在没有必要。

两年前在南京与煦之先生相会，他送了我一套他著的趣谈汉字的书，厚厚四册，我当时十分吃惊。回到酒店，埋在沙发中翻看，见他做的竟然还是含了学术——甚至是很学术的事情，更是吃惊。后来，我遇见谁都会提起这套书，一说书的妙、书的趣；二说煦之先生做事总不按常规，动不动就干出出人意料的事情来。不久，与好友方国荣先生谈出版之事，听他兴致勃勃地说要做一套关于汉字与人生方向的书，便立即将煦之先生的著作介绍给他。他也吃惊不小，很快就和煦之先生联系上了，没想到煦之先生竟神奇地又成就了一套方国荣先生心中所希求的新书。

此套书共十一册，还是关于汉字的。

细想想煦之先生做成此事，其实也无令人吃惊之处。他这个人，既是性情中人，又是一个执专心的人。一旦决定做一件事了，天底下也就只有这样一件事了。雷打不动，五头大牛未必能将他拽回。若是在夏季做事，你都能想见他干活时的样子：将门关住，短裤背心，甚至赤膊上阵，宽阔的脑门子上汗津津的，短而厚的手捉住笔就不肯放下，困顿时冲冲凉水澡，拍拍胸脯，拍拍脑门，提提神，接着再干。你以为他做的事，总出乎情理，而事实上，他做事就像他的体型一般稳重，方而正。这也是他的品格。

这一回，他的事做得有点大。

汉字文化，是个大题目，是一个意义非凡的大题目。九年义务教育新课程标准已经出台，与此前课标相比，其中一条被特别强调：要使学生懂得，汉字不只是一种纯粹的书写符号，也蕴含深厚的文化。煦之先生的研究事先当然与新课标毫无关系，只是他的思考与新课标的新维度暗合了。这也许是真知灼见者的不谋而合——所谓“英雄所见略同”。这套书，无意中可成为日后学生和语文老师学习、讲解语文的难得的参考书籍。

汉字是中国人极端聪明、非凡才智的结晶。有人在拿它与种种拼音文字进行比较时，故作深刻地说拼音文字是高度抽象能力的结果，那意思是说人家的东西要比我们的技高一筹。此等说法，不免肤浅。他们将象形文字的汉字，看成了依样画葫芦式的幼稚了，殊不知它的抽象能力其实是无与伦比的。这一个个神秘的方块字，无所不能，说事说理，皆妙不可言。我们可用它最完美地叙述这个世界，也可用它阐述这个世界上最精辟的原理和哲思。它的高度活性，字与字之间的微妙差异以及组词之后的无限能力，是任何一个熟练掌握它的人都会感到惊讶的。它是“魔方”。具象与抽象的完美统一，已抵达天造地设般的境界，使人觉得它本是造物主所使用的文字，是天然的。

更妙的是，一个个字，并不只是说事说理的符号，它们自身就是有意味的，甚至是有无穷意味的，一个个都是可以加以解读和欣赏的。从它们诞生的那一刻开始，它们就负载了若干意味。它们在不断变形的过程中，还暗含了历史的变迁。到了今天，每一个字，都有它的历史。“一字一世界”，还不抽象吗？抽象程度还要多高？可它确实又是形象的，因此，它与别种文字相比，又有了一个特殊的功能：审美。

它直接产生了一门艺术：书法。

从古至今，那些书法大家，用他们各具特色的书写，为我们提供了一个丰富的艺术世界。这个世界陶冶了中国人的性情，提升了中国人的生命境界。

煦之先生对汉字的认识价值和审美价值的理解与分析，就在这十一册书中。

写到此处，我忽然想起两件事来。一件是，好几年前，有个思维独特的年轻人四处奔走，并到处分发传单，说他经过长时间的研究发现，以英语为代表的拼音文字，其实也是一种象形文字。可是没有一个专家理会他。现在，这个年轻人不知到哪里去了，不知是否还在坚持他的“异端邪说”、继续他的“荒唐”研究。另一件是，一个大规模的制作和推广英语电子词典的公司的老板，向我展示了他的研究成果。他的研究成果与那个年轻人的结论一致，只是更加学理化：英语，也是一种象形文字。他当场向我解读了一个个英语单词，告诉我它们都是“象形的”。这个老板是学英语出身的，我当然不敢苟同他们的看法。但这两件事，倒使我看到了一个认识上的变化：作为象形文字的汉字，倒成了人家比附的文字了。

进入汉字魔方吧，其乐无穷。

2014年11月1日于北京大学蓝旗营小区

曹文轩，当代著名作家，精擅儿童文学，任北京作家协会副主席，北京大学教授，现当代文学博士生导师，儿童文学委员会委员，中国作家协会鲁迅文学院客座教授，是中国少年写作的积极倡导者、推动者。主要文学作品有《山羊不吃天堂草》《草房子》《天瓢》《红瓦》《根鸟》《细米》《青铜葵花》《大王书》等。

自序

当你拿起这本书，翻到这一面，我们就算有了一面之交。我很想拉着你的手，跟你聊两句。不多，就这么几句。

我这人一生与书有缘：读书、教书、编书、写书、出书、卖书、藏书……虽然如此，而今我却还是常读错字、写错字、用错字，还有很多不认识的字。究其原因，跟自己菲才寡学、天资愚钝有关。另外，恐怕跟汉字既多又难认难记有关。

汉字大约有十万个，常用的虽然只有三千来个，但要记住却非易事。据说，外国人把最难办的事说成“这比学汉字还难”。正因为此，近几十年来，国家成立专门机构，搞汉语拼音和汉字简化。

如今，全球有数千万“老外”学汉语，加上母语为中文的华人，使用汉字的多达十四亿人。怎样让这么多人轻松愉快地学汉字，是件十分有意义的事。我愿为此稍尽绵薄，所以编写了这本书。

汉字，是世界文化的明珠，是中华民族的骄傲。汉字，是先民们历经数千年，把对自然和社会的认识，巧妙地移植到一笔一画上而形成的。汉字，源远流长，魅力无穷，超群绝伦，华夏儿女应该发扬继承。

汉字，不仅仅是符号。对汉字，光凭眼睛看是不够的，形、音、义三位一体，那得细细品味，慢慢咀嚼，才能品出味儿来。有些字，是一幅生动的图画；有些字，是一个有趣的故事；有些字是一段复杂的历史；有些字，说的是生活常理；有些字，谈的是科学道理；有些字，讲的是深刻的哲理。每一个字，都值得我们欣赏、品味和探讨。若三五同好，聚在一起，谈古说今，咬文嚼字，得其三昧，那真是其乐无穷。

前人和当今有识之士，对汉字做了大量深入的研究，著述浩如烟海，硕果累累。作为门外汉，我不揣冒昧，也挤将进来，凑个热闹。

我将两千多个常用字，以科学分析和有趣故事相结合的方式，编写成这套书。我所讲解的每一个字，分为前后两部分。前半部分，我将这个字的形成、演变过程以及字形、字义、读音作简要介绍。凡此，仁者、智者，各有见解。我博采众长，或综合为一，或分别罗列，任君选择。后半部分，我以小故事等形式，更形象、更生动地来解释这个字的形、音、义。我不仅讲这个字的用法，而且讲这个字的结构特征，讲这个字笔画的用意，讲这个字和相似字之间的区别。我还特别注意解释字的读音，以便区别这个字与其它谐音字之间的区别与联系。我讲了两千多个汉字故事，与这些故事相关联的汉字有六千多个，几乎包括了所有的常用字。这便是字中有字，这才是真正的汉字故事。

顺便说一句，这里的故事，有些是我的创作；有些是据资料编写；有些是来自民间的汉字俗解。其中有些内容，“俗文学”也罢，荒诞也罢，读者朋友切莫当真。你尽可把先贤们的论著当作学术理论，把我这儿写的，权且当作插科打诨。因为我的目的很简单，我只是想通过这些小故事、小笑话，以及诗词、对联、谜语、民歌、童谣、字谜、谐音、测字、解字、解梦，避讳这些形式，加上奇闻轶事、文坛掌故……以此搭座桥、凑个趣，使朋友们认识这些字，辨别这些字，掌握这些字，记住这些字。

我愿把这套书，献给对汉字情有独钟的朋友。让大家在茶余饭后，有个谈笑的话题。这种话题，雅俗共赏。

我愿把这套书，献给学汉字的外国朋友。让他们更多地了解汉字的丰富多彩。愿他们在轻松愉悦中掌握汉字。

我愿把这套书，献给青少年朋友们。让他们在课外阅读时，带着笑脸，品味每一个字的结构和内涵。

我愿把这套书，献给我的教师同行们，为他们在备课时提供点资料，使他们在讲课时增加点情趣，让他们在课堂上引发出阵阵欢笑声，使孩子们在寓教于乐中理解汉字的博大精深。

当你手棒这一套沉甸甸的《一字一世界》时，我要深情地向你介绍为这套书的出版作出不懈努力的至爱亲朋。首先要说的是我的出版人申晓华先生。他不辞辛劳，担当风险，近十年来不离不弃，专注于此书的出版发行。好友曹文轩先生，热情为这套书作序，为这套书增光添彩。资深编审王林军先生，是这套书第一版的责任编辑，他为这套书奠定了基础。著名画家，装帧设计家朱成梁先生，为这套书的第一版，设计了精美的封面和版式。著名漫画家何天卫先生和叶霆先生，为这套书提供了大量生动活泼的插图和图案。著名儿童文学家方国荣先生，为这套书的第二版出版，作出了不懈的努力。这套书由第一版的七百余汉字故事，增补为两千余故事，经历了十多年的艰辛创作，其间幸有编审谢芳女士，著名汉字研究专家唐汉先生，古典文学博士陈光先生，著名青年书法家陈义望先生……他们参与了这套书的审读、修订和把关，指出了书中的不足和差错，保证了这套书的出版质量。因为这套书讲的是汉字知识，出版社是以辞书的标准来保证这套书的质量的。

图书出版，是很难完美无缺的，总会留下一些缺憾。这套《一字一世界》也概莫能外。我壮志不已，耕耘不辍，仍在收集汉字故事，愿继续努力，将三千多常用汉字，都配上生动有趣的故事，编成一本既可当字典，又可当故事的“阅读字典”，以供读者朋友们赏阅。

说到读者朋友，我激动不已，感慨万千。自该书出版十多年来，因书中有我留下的手机号码，我先后收到一百余位读者来电。有的指出差错，有的提出建议，有的给予鼓励，有的提供故事，有的只讲了几句：感谢你，继续努力……

我决不辜负读者朋友的厚爱，再接再厉，使这套书日臻完善。如你购得此书，那我们也就心灵沟通，成为志同道合的文友。君不闻，前世修得八百次回眸，今生方得一次擦肩而过。你我有缘，你才翻阅此书。以书会友，是我三生有幸。

如蒙赐教，请记住我的手机号码：13705181009。我当洗耳恭听。

感谢你阅读此文！

感谢你阅读这套书！

二零一九年三月

于南京长江大桥塊

目录

L

M

一字一世界

乚

lù

禄

甲骨文

金文

小篆

禄
隶书

禄
楷书

古代官员工资——俸禄

对甲骨文和金文的“禄”字，说法不一。较为稳妥的说法，是把古代的“禄”字看作是个左右结构的形声字兼会意字。“禄”字的左侧是“示字旁”作形符，表示跟神灵或祸福有关；“禄”字的右侧是“录”字作声符，读“lù”，兼表意。“禄”字的本义指“古代官员的俸禄”，也就是今日的薪水或工资。

古人为什么用“示”字作“禄”字的形符呢？因为“示”字与福、禄、及祖先或神灵有关。一个人能当上官领取薪俸这是一种福份，是神灵祖先赐予的，这跟祈求神灵保佑有关。迷信的人认为福禄是命中注定的，所以用“示”字作形符。

古人为什么用“录”字作“禄”字的声符呢？因为“录”有采纳、记录、录取、任用等意思，而对官员的录取录用都跟“录”字相关，所以“禄”字用“录”字作声符并会意。

在汉语中，跟“禄”字所组的词很少。

古代官吏的俸给称“俸禄”，俸禄和官职称“禄位”。“高官厚禄”，指显要的官爵，丰厚的俸禄；“无功受禄”，指没有功劳而得到报酬。

"福禄寿"三星高照

我们在古代建筑的木雕石刻等艺术作品中，常看到"五福临门"等图案。由此可见，先民们最早追求的是"五福"。因蝙蝠中的"蝠"字与"福"字同音，这令人讨厌的小动物，也成了人们祈福的吉祥物。

人的一生有哪五福？概括说，就是长寿、富贵、康宁、好德、善终。后来变成了"福禄寿"三样作为祈福的对象。古人认为人的命运与天上某一颗星星相对应，这就是汉族文化中的"星命观"，因此就出现了"福星""灾星""救星"这些词。"福禄寿"也就成了三星，人们都祈盼三星高照，得到幸福。由此可见，"福禄寿"是由早期的"五福"发展变化而来的。"福"字里包含了富贵、康宁和善终。这三种加上"福"合而为"福"星。"寿"是五福之首，是不变的，可称寿星。"禄"字指高官厚禄，奴隶社会实行"世卿世禄"制度，"禄"是由贵族血统代代相传的，不是后天可以追求的，所以不在人们的祈盼之列。

奴隶社会瓦解后，孔子办私学，打破了贵族的权力垄断，平民可通过读书学习，用自己的才干获得禄位，这就是"学也，禄在其中矣"。于是"禄"与"寿"与"福"成了人们追求的目标，这就成了"福禄寿"三颗星。在民俗中，"寿星"是以一位大额头长胡须老者形象为代表的。在寿星头上飞舞的"蝙蝠"是"福"的象征。"禄"星如何表示呢？古人用被人们喜爱的梅花鹿的形象来代替"禄"。因为汉字"禄"与"鹿"同音，这样，善良温顺又漂亮高大的鹿就成了吉祥物，千百年来，它与蝙蝠一样，成为人们祈求幸福的象征。

鲁迅先生笔下的《从百草园到三味书屋》一文中，对书屋正面有一段详细的描述："中间挂着一块匾，写着'三味书屋'。匾下面是一幅画，画着一只很肥大的梅花鹿伏在古树下，没有孔子牌位，我们便对着匾和鹿行礼。"这里以肥大的梅花鹿暗指"高官厚禄"。正如孔子在《论语》中所说"学也，禄在其中矣。"也有人据此考证：梅花鹿伏在古树下，这"伏"字与"福"字谐音，而古树暗喻长寿，这又是"福禄寿"三星高照的完美结合。

美石光泽四射——碌

lù

碌

小篆

碌

隶书

碌

楷书

“碌”字是个左右结构的形声字兼会意字，左边的“石”字是形符，表示跟石头有关；右边的“录”字读“lù”，作声符并会意。“录”字与“石”字组合有两个意思，一是指石头多，二是指这种玉石有光泽，在阳光下闪闪发亮。因是指石头或玉石，所以古人用“石”字作“碌”字的形符。

古人为什么用“录”字作“碌”字的声符呢?

甲骨文的“录”字是个象形字。上面是“钻”字，下面是个眼睛，有几粒小点儿象征碎屑或火星，表示古人在钻木取火，瞪着眼看火光出来。隶变后的楷书写作“录”。它的本义指“钻木取火”。“钻木头取火”有用刀削刻的意思，所以引申指“记录”。钻木取火耗时又耗力，显得很用力又很忙，有“忙碌而又平庸”之义，故称之为“录录无为”。因此“录”字常常连用为“录录”，故有“历历可见”之义。美石光泽四散，也有历历可见之义。再说“钻木取火”也有钻出火光之义，跟玉石发光相似，所以古人用“录”字作“碌”字的声符并会意。

楷书的字形由小篆演变而来，写作“碌”。“碌”字的本义指“美石光泽四射”。

“碌”字由本义引申指“平凡、无所作为”，如碌碌无为、庸庸碌碌；又假借指“繁忙”，如劳碌、忙碌、忙忙碌碌。

“碌”字是个多音字，读作“liù”时，假借指农具的名称“碌碡 liù zhou”。它是用石头制成的一种农具，圆柱形，用来轧谷物、平场地，也叫“石滚子”。

忙忙"碌"碌，也是幸福

南京奇人郑可鉴，放着悠闲的老板不当，却东奔西跑，做个忙忙碌碌的导游。这次他率团去九寨沟，地陪陆碌缠着他，非要他帮自己改个名字不可。

郑可鉴先问："坐不改姓，行不更名，蛮好的名字，为啥要改呢？"陆碌大倒苦水："好啥呀。我爷爷在打谷场上赶驴拉碌碡轧麦子,就是那种圆柱形的石滚子。他听说生了个孙子，就随口说叫陆碌吧。害得我一直忙忙碌碌，庸庸碌碌。"

郑可鉴忙打断他："小陆，莫说作孽话，天上要打雷的。你爷爷给你起的这名字真好哇！他没给你起个陆禄，让你拿俸禄当官。他没给你起个陆绿，让你成红男绿女明星范儿。他给你起名陆碌，要你实实在在做个勤劳踏实又实在的人，这有什么不好？"

陆碌指着胸前导游证上的"碌"字说："有位跟你一样的老教授说，这'碌'字左边的'石'字表示琐碎之事，右边的'录'字上面是穷困潦倒的山，下面是恶劣污浊的水，总之是穷山恶水，所以用'碌'字作名字，一世忙忙碌碌，碌碌无为。"

郑可鉴一听，知道小陆碰上了懂汉字的专家。但此人不善灵活运用，没能引人向善。他笑道："你可别身在福中不知福啊!"说着，他指指"石"字说："石，不易碎，这叫坚如磐石。右边'录'字，上为横过来的'山'。这'横山'是'雪'字底，'寻'字头，雪地寻路，必然艰难辛苦，人不经艰难辛苦，总想坐享其成，那财富由谁创造呢？一心想不劳而获的人，往往就会靠坑蒙拐骗去剥削别人，掠夺别人。一个人不忙忙碌碌，躺在床上不能动，一个人不忙忙碌碌，胖得路都走不动，他们幸福吗？你愿做这样的人吗？"陆碌沉默不语。

郑可鉴又指指"碌"字说："'石'与'实'同音，实实在在，实事求是，老老实实。'录'字古代为'彔'，有过滤、渗漉意义。能够渗透层层阻碍，最终被录取留用的都是精华。在我心目中，你是地陪中最好的。我很喜欢你。记住我的话，忙忙碌碌，也是人生幸福！"

陆碌听了，激动地说："郑大爷，我听你的。"

lù

路

金文

小篆

路

隶书

路

楷书

很多人走的道路

“路”字是个会意兼形声字，以“足”“各”作形符，“各”兼声符，读“gè”。“足”作形符，这与人走路有关，这儿指人走的道，所以“路”从“足”。又因为“各”有不只是一个人的意思，道路是很多人走的，所以“路”以“各”作声符兼会意。其本义指“道路”。

也有人认为，“各”是“足”的倒写，意为来来往往的人，大家共同行走的道路，其本义也是指“道路”。

以上两种说法，道理是一致的。本义都是指道路，如：路标、路灯、路费、路轨、路基、路牌、公路和路途。

“路”字由本义引申指“路程”，如路很近，三四里路。

“路”字由本义又引申指“条理”，如纹路、思路、笔路和理路。

“路”字由本义还引申指“途径”，如线路、活路、生路和必由之路。

“路”字作名词用，表示地区、方面，如南路货、外路人和各路英雄。

“路”字也作姓氏用。

各人的脚走各自的路

王成喜是个闲不住的人，虽然退休了，但他总想再干点儿事，一则体现自己的人生价值，二则也想多赚点钱，使晚年过得更体面些。

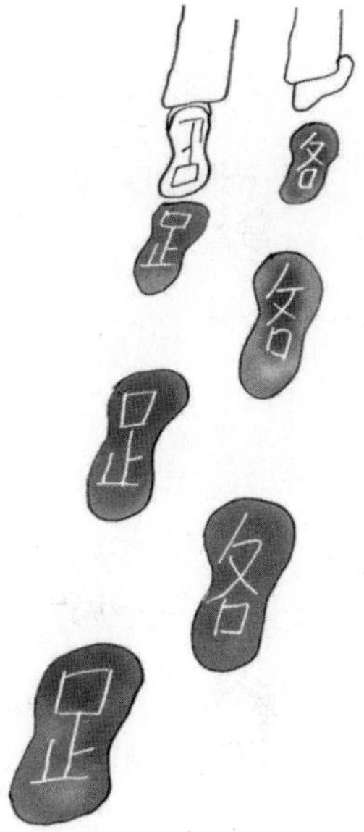

王成喜手头有几十万元钱，他不知干什么才好。他见老刘炒股赚了一大笔钱，就跟着老刘炒股，不料运气不佳，十几万元被套住了。最近，他看到老李买基金赚了不少，他找到老李，诚恳地说："老李，弄基金你熟门熟路，我也跟着你买基金吧。"

老李是个精明人，他没答话，把王成喜带到一家茶馆，请他喝茶。两人坐下，老李问王成喜："你刚才说什么来着？"

王成喜说："我说你搞基金熟门熟路。"

老李用手指蘸了点茶水，在桌子上写了个"路"字说："王老弟，我比你早退休两年，刚退下来时，我也跟你一样，闲得慌，摸不着路。跟着人家炒房子，做期货，又炒股，结果一样没做成。后来我琢磨这'路'字，左边是'足'，右边是'各'，这就是说各人有各人的脚，应该是各人走自己的路，何必跟在别人后面跑呢？各人经历不同，实力不一样，爱好也有差别，都得依据自己的情况决定走哪条路啊。"

老李的这番话，对王成喜触动很大。他想，路在自己脚下，应该走自己的路，不能盲目地跟在别人后面跑。他重新安排了自己的生活，决定以阅读和旅游为主，安享幸福的晚年。

lù

露

金文

小篆

露
隶书

露
楷书

凝结于草木上的露水

小篆的“露”字，是个上下结构的形声字，上面的“雨”字是形符，表示跟雨水有关；下面的“路”字读lù，作声符。“路”字与“雨”字组合，指“凝结在地面或草木上的小水滴”。这些小水滴聚在植物的叶子上，抖动时，如下小雨似的落下来，其状如雨，所以古人用“雨”字作“露”字的形符。

楷书的字形是由小篆直接变来的，写作“露”。

“露”字的本义指“露水”。靠近地面的水蒸气，夜间遇冷凝结的小水珠称“露水”；湿空气由于温度下降，使所含的水气达到饱和状态时的温度称“露点”；凝聚像珠子的露水称“露水珠”。“白露”是二十四节气之一，约在九月上旬，雨和露称“雨露”，比喻恩惠，早晨的露水称“朝露”。

“露”字由本义引申指“显出，没遮蔽”，如裸露、披露、暴露、泄露、吐露、透露、袒露、表露、露骨、露宿、锋芒毕露、不露声色等。

“露”字是个多音字，读作“lòu”时，由“没遮蔽”引申指“显现出来”，如露馅、露头、露马脚、露脸、出头露面和露一手。

青云得路 前程无量——露

南京有位奇人，名叫郑可鉴。他在大学学的是化学，但他爱好文科，特别钟情于汉字研究，《说文解字》百读不厌，手不释卷。对拆字解字，简直到了痴迷的程度。大学毕业后，郑可鉴在一家化工厂当技术员。后来，他想自己办一个无磷肥皂厂。这是一个环保项目，受到各级政府支持，从批准立项、厂房安置、银行贷款到税收减免等，都有政策优惠。话是这么说，但要把工厂搞起来，把一项项批文拿下来，不跑断腿是万万办不成的。

有一次，郑可鉴跟合伙人小陶到北京拿批文，下了火车，已是深更半夜，两人摸黑，硬是靠手电筒照着看地图，凭借两条腿走到化工部。

他们走到化工部大门外，找个没人看到的角落，在台阶坐下，等着天亮。寒风阵阵，露水飘飘，小陶哀叹道："郑哥，我们这是风餐露宿，流落街头，当上了马路天使啊。"

郑可鉴打了个呵欠道："不经一番寒霜苦，焉得梅花扑鼻香！"正说着，露水又变成了濛濛细雨。小陶叹口气："唉，一路上，露宿街头，又逢下雨，吃这番苦，还不知道能不能办成呢。"

郑可鉴是个乐天派。他见小陶气馁，便拍拍他肩膀说："你刚刚提到露宿街头的'露'字，我以这个字预测了一下，我们的事一定能办成。"小陶伸过头来："说给我听听看。"

郑可鉴在手掌上写了个"露"字说："这'露'字上面是'雨'，下面是'路'，正巧说的是我们在路上遇雨。'雨''路'合起来是'露'水的露。现在我们遇到雨露又露宿街头，这不是巧上加巧吗？"

小陶不以为然："这巧上加巧有什么稀奇呢？现在街上走动的人不都是这样吗？"郑可鉴手一摆："不！依我看，这'露'字上面的'雨'是天水，下面的路是大道，这叫天水大道，畅通无阻！"

小陶唉声叹气："还畅通无阻呢，腿都跑断了。"

郑可鉴兴奋地说："你想想啊，这露字上面的雨字，是繁体字'雲'字的头，我们走的云中路，云中路就是青云直上啊。大路通天，前程无量，小陶，我们打起精神去办事儿吧，我们的事一定能办成！"

雌性动物生的蛋——卵

luǎn

卵

金文

小篆

卵

隶书

卵

楷书

小篆的“卵”字是个左右结构的象形字。字形像水草茎叶上附有的鱼的卵包形，好像透明薄膜包裹着的鱼子。隶变后的楷书写作“卵”。

《说文解字》的解释是：“卵，凡物无乳者卵生。象形。”本义为“鱼子”，由此特指“动物的蛋”。

动物传宗接代的生殖方式主要为胎生和卵生。“卵生”是动物由脱离母体的卵，也就是硬壳的蛋孵化出来。卵生动物怀胎发育全靠卵中的营养，如鸟卵、蛇卵、龟卵等。“胎生”指人或某些动物的幼体，在母体内发育到一定阶段以后，才脱离母体，如马、牛、羊等。还有些动物，如鲨鱼，卵在母体内孵化，母体不产卵，而产出幼小动物，这种生殖方式叫“卵胎生”，其胚胎发育仍靠卵自身的营养。

“卵翼”指鸟用翅膀保护卵，孵出小鸟，比喻养育或庇护，多含贬义。“卵用鸡”或“卵用鸭”，主要指为产蛋而饲养的鸡或鸭。“杀鸡取卵”“危如累卵”中的“卵”字指鸡蛋、鸭蛋。

“卵”字由本义引申指“动植物雌性生殖细胞”，如卵巢、卵泡、卵子、卵细胞等。在方言中，“卵”字也指男性的睾“gāo”丸、阴茎，俗称“卵蛋”。

"卵"和"巢毁卵破"

《三字经》中有句"融四岁，能让梨"。讲的是孔融四岁就晓得让梨，于是孔融让梨的故事，便代代相传，孔融的大名人人皆知。

孔融是东汉末年著名学者，鲁国人，即今日山东曲阜人，是孔子二十世孙。孔融幼年就有突出的才华。少年时随父亲到京城拜师求学。他勤奋苦读，博学多才，在朝廷任中郎将等要职。后来曹操将他召为大臣。孔融性格豪放，常常宾客盈门，议论时政，无所顾忌。

据《后汉书•孔融传》记载，当曹操准备以五十万兵马，向南征讨刘备和孙权时，孔融认为这是不明智之举。孙刘联盟，力量强大，远距离征讨，难以取胜，劝曹操不要操之过急，停止出兵。曹操不听，且不悦。曹操身边有几个小人，跟孔融不和，他们趁机陷害孔融，在曹操面前说孔融坏话。在此之前，有个名叫祢"mí"衡的名士，是孔融的朋友。孔融将他推荐给朝廷。当时汉献帝是个傀儡，大权都掌握在曹操手中。祢衡认为曹操名叫汉丞相，实为汉贼。有一天，曹操大宴宾客时，祢衡闯进大厅，赤着上身，一边击鼓，一边大骂曹操是奸贼，后被曹操设计害死。这些小人就借这件事，对曹操说，当年祢衡谩骂曹操，都是孔融在背后指使的。曹操听了，不由大怒，也不细究，当即下令将孔融满门抄斩。

孔融有两个儿子，小儿七岁，大儿九岁。当时两人对坐着下棋，两人见兵丁如狼似虎，弟兄俩却稳坐不动，继续下棋。家人以为孩儿不懂事，死到临头还不知道，怂恿他俩赶快逃走，孔融也求前来逮捕的军官放了孩子。不料，两个孩子异口同声地说："覆巢之下，安有完卵。"这话的意思是：鸟窝都翻了，哪能有不摔破的蛋呢？说罢，小弟兄俩毫不畏惧，也不哀求，从容地跟着父亲，一同走向囚车。

后人将"覆巢之下，安有完卵"这句话紧缩成"巢毁卵破""复巢无完卵""复巢之下，焉有完卵""复巢之下，安有完卵"等成语，用来比喻国家民族或集体遭遇灾难和不幸，人民或其成员都难以幸免。这些成语，有激励人们要保卫国家和民族，要爱护集体这样的深刻含义。

luàn

乱

金文

小篆

亂
隶书

乱
楷书

双手理丝，使其不乱

甲骨文的“乱”字是个会意字，字形上下是两只手，中间的架子上缠着不少丝，表示双手在理丝，使其有条理。金文的字形大致相似。小篆的字形使其整齐化。楷书的字形由小篆演变而来，写作“𤔔”。这个字形确实是上下两只手，特别是最下面的“又”字表示手。最上面的“爪”（zhuǎ）字，也是表示手。两手在理当中的乱丝，使其有条理。这个“𤔔”字就是后来的“亂”字和“乱”字的本字，是最原始的“乱”字。因为这“𤔔”字作了偏旁，其义便在右边另加义符“乙”字，写作“亂”，用来专门表示“混乱”之义。因为“乙”字表示草抽芽生长，放在“亂”字右侧，表示像抽芽一样艰难地把乱丝理顺。后来这“亂”字简化为“乱”，这就成了个符号，看不出什么名堂了。

“乱”字的本义指“双手理丝”，由本义引申指“治理”。由“治理”引申指“不治、混淆”，如混乱、不安静，无次序称“乱腾”；杂乱也称“乱杂”；摹仿得像真的一样，使人不辨真伪称“乱真”；纠纷、祸事称“乱子”；没有秩序，没有条理称“混乱”；还有昏乱、慌乱等。由“混淆”引申指“没有秩序”，如捣乱、动乱、纷乱、凌乱、忙乱、紊乱、手忙脚乱、心慌意乱等。

“乱”字由本义引申指“战争、武装骚乱”，如乱世、暴乱、兵乱、内乱、叛乱、骚乱等。

“乱”字由本义还引申指“随便、任意”，如乱来、胡乱、搅乱。

“乱七”和“八糟”

“乱”字的本义指“善于治理”，后来不知怎的引申指“不治，混淆”。其实想通了也不奇怪。甲骨文的“乱”字，本就是个象形兼会意字，表示用双手理丝之意。丝乱，才须整理。所以“乱”字当初既指“治理”，也指“混乱”，后来右边加了个“乙”字旁，简化后成“乱”，专门用来表示混乱。

从“乱”字字义的变化来看，颇有点辩证法的意味。从“乱”到“治”，由“治”而“乱”，说明了事物处于不断运动、变化和发展之中，这是由于事物内部的矛盾斗争所引起的。我们若细细推敲成语“乱七八糟”，便能更深切地体会到古人造字独具匠心，才能真正领会到“乱”字的精妙得当。“乱七八糟”这个成语，和历史上两个朝代的内战有关。即西汉时期的“七国之乱”和西晋时期的“八王之乱”。

“七国之乱”的根源是刘邦实行的分封诸侯制，他当了皇帝将功臣和亲族们分封到各地为王，其中分封了八个异姓王和九个刘姓王。后来他的四子刘恒当了皇帝，即汉文帝。汉文帝没有刘邦那样有手腕、有威势，分封各地的诸侯王不买他的账，各自为政，扩充势力，渐渐成了独立小国，汉朝由此而“乱”发展了。过了几年，汉景帝登基，他看看苗头不对，便重用大臣晁“cháo”错，消减诸侯的领土，收归中央朝廷管理。这下引起以吴王为首的七个诸侯王的不满，他们联合起来叛乱，危急时刻，汉景帝丢卒保自己，杀了晁错，想平息叛乱，但七个诸侯不肯罢休，最后，汉景帝派周亚夫率军平叛，这才安定下来，史称“七国之乱”。

过了四百多年，到了西晋初年，晋武帝司马炎去世，晋惠帝司马衷继位，但大权掌握在皇后贾南风手里。她迫不及待地利用各种势力，想清除异己，巩固自己的政权，这就引发了诸王为争夺统治权的内乱，时间长达十六年之久，史称“八王之乱”。后人将“七国之乱”和“八王之乱”联系起来，这就是俗语“乱七八糟”。因“糟”也有乱之义。

从两个历史典故不难看出当初的“乱”字为什么既有治理、有条理之义，又有混乱、杂乱、乱糟糟之义了。

人际关系有次序——伦

lún

伦

古代的“伦”字写作“倫”，这是个左右结构的形声字兼会意字，左边的单人旁是形符，表示跟人有关；右边的“侖”字是声符，读“lún”；这两个字形组合在一起，指人的相互关系，长幼有序，有辈分之区别。因为指的是人际关系，所以“伦”字用单人旁作形符。

古人为什么用“侖”字作“倫”字的声符呢？甲骨文的“侖”字上半部分字形表示聚集在一起，下半部分是“册”字，指编的竹简，也就是最早的书。古代把字写在竹片上称“简”，写在木片上称“牍”。在这儿，指简牍编排次序的意思。金文和小篆大致相同，隶变后的楷书写作“侖”，如今简化作“仑”。本义指“编排完整、有次序、有条理”。而“伦”字指人际关系长幼有序，辈分是按家族世代先后来排列的，所以“伦”字以“仑”字作声符。隶变后写作“倫”，后简化为“伦”。

“伦”字的本义指有“次序、有条理”，如条理次序称“伦次”；讲话颠三倒四称“语无伦次”。

“伦”字由本义引申指“辈分、类别”。等同、相比较、相匹敌称“伦比”，如“他的字画无与伦比”；无论谁或论何事物都比不上称“绝伦”；不像这一类，也不像那一类称“不伦不类”，也用来形容不像样、不正派。

“伦”字还引申指“人与人之间的关系”。人与人相处的常道称“伦常”，人与人相处的各种道德准则称“伦理”。封建礼教所规定的人与人之间，特别是尊卑长幼之间的关系称“人伦”。父子、兄弟家庭之间的关系称“天伦”，封建礼教称君臣、父子、夫妇、长幼、朋友五种伦理关系为“五伦”。

“伦”字也作姓氏用。

倫
小篆

倫
隶书

伦
楷书

天“伦”之乐

无锡东门中学的杨老师，今天讲课文关键字“伦”。他出了三个字谜让大家猜，并要求讲出道理来。字谜分别是：人进化、沦落江头人、车轮滚滚人跃进。

牛皮•唐最喜欢猜谜语，他第一个回答：“人字进入到‘化’字里是‘伦’。‘沦’字去掉三点水加上单人旁，就是人掉到江的前头，这也是‘伦’。车轮滚滚就是‘轮’字去掉车旁换成单人旁，这还是‘伦’。”

杨老师对牛皮•唐的回答很满意。奖励他一张锡山游乐园门票，上面标明可乘过山车、摩天轮这些非常惊险的游戏项目。

牛皮•唐不解地问：“您今天讲‘伦’字，有三点水的，有车字旁的，字典上还有言字旁的，提手旁的……有谁能一个个解释吗？”

金一鸣马上回答：“提手旁就是挥动手臂，抡起拳头打得你落花流水；言字旁就是跟你讨论、辩论，叫你哑口无言；车字旁的‘轮’指‘车轮、轮船’；三点水旁的‘沦’字，表示沉没、陷入，轮船沉没叫沦没于海底。”

牛皮•唐有股钻研劲儿，他打破砂锅问到底：“成语天伦之乐的‘伦’跟摩天轮的‘轮’为什么不一样？”

杨老师说：“摩天轮指能摸到大的大转轮，当然用‘车’字旁啰。而‘天伦之乐’，指直系亲属关系，表示家庭骨肉团聚的欢乐，所以用单人旁。”

牛皮•唐又提出个要求：“能举个例子吗？”

杨老师爽快地说：“上个星期天，我带儿子上街，路过新华书店时，我走进去买书，却把儿子弄丢了，我急得四处寻找，也没找到。后来，我父母兄弟姐妹全出动，到派出所、电台、报社寻求帮助，直到傍晚才找到。因为儿子失而复得，我在大阿福摆下一桌酒席以示庆贺。我老爸举起酒杯对我说：“儿子，为你儿子干一杯！”

全家人高举酒杯，一饮而尽。这就是“天伦之乐”。

lún
沦

水面上的波纹——沦

小篆的“沦”字是个左右结构的形声字兼会意字，左边的三点水表示跟水有关；右边的“仑”读“lún”，作声符并会意。“水”与“仑”组合，指水面上被风吹起一阵阵波纹。因是指水面上的波纹，这跟水有关，所以古人用“水”字作“沦”字的形符。

古人为什么用“仑”字作“沦”字的声符呢?

小篆的“仑”字写作“侖”，是个会意字，“侖”字有“编排完整，有次序有条理”之义。而水面上的波纹，也是一波接一波，显得有次序，有条理，所以古人用“仑”字作“沦”字的声符。

楷书的字形由小篆演变而来，写作“淪”，现简化为“沦”。“沦”字的本义指“水上的波纹”。

“沦”字由本义“波纹”或“微波”，引申指“沉没、陷落”，如没落、衰落也称“沦落”，沉没、死亡、消失也称“沦没”，消亡、丧失称“沦丧”。国土失陷，国家灭亡称“沦亡”。领土被敌人占领、失陷称“沦陷”，沉没也称“沉沦”。

金文

小篆

淪
隶书

沦
楷书

人性的“沦”丧

“沦”字大多作为动词用。如沦落、沦没、沦亡、沦丧、沦陷等等。

“沦丧”指消失、消亡。“沦陷”指领土被敌人占领，表示失陷。作为书面语，“沦陷”也表示淹没。

这里讲段历史小故事，既用得上“沦陷”二字，也用得上“沦丧”一词。

二十世纪初期，在美国佛罗里达州的南海岸水下有一道暗流。这条暗流流速很快，船只借用这条暗流，可以很快地驶往西部，几乎用不着耗油，似乎是上帝之手在拨弄着水流，把船只送过去的。但是，在这股暗流下暗礁密布，常常有船只偏离航线，触礁沉没，造成船员伤亡，财产损失。当地政府为了鼓励沿岸居民和渔民出海救助，特地颁布了一条法律：凡出海救助者，政府有奖励，同时还规定，如果遇险船只有一半已深入水中，那么船上的财物便可以归救助者所有，但前提条件是必须救起落水的船员。当地政府的用意是良好的，希望以这条法律，唤醒当地人救死扶伤的精神，借助财物的奖励，唤醒人性的复苏。

法令公布后，在佛罗里达州沿海，很快竖起了 座座灯塔，引导过往船只。——请不要误会，这些灯塔，不是用来指引船只驶往准确航线的，而是把船只引向暗礁，在这些灯塔的指引下触礁沉没，大批船员葬身鱼腹、货物落入歹徒之手。这是人性的沦丧。

二十世纪初，佛罗里达州南海岸一带，成了世界最著名的打捞沉船圣地，很多人因此大发横财。成千上万艘船只的沉没称之为“沦陷”，成千上万名船员的死亡称为“沦没”。人性的泯（mǐn）被称为“沦丧”。

车上转动的轮子

lún

轮

小篆的“轮”字是个左右结构的形声字兼会意字，左边的“车”字作形符，表示跟车子有关；“轮”字右边的“仑”字读“lún”，作声符并会意。“车”字与“仑”字组合，指车轱辘，也就是车子上的轮子。因是指车上的轮子，这跟车有关，所以古人用“车”字作“轮”字的形符。

古人为什么用“仑”字作“轮”字的声符呢?

古代的“仑”字写作“侖”，跟编竹简成册有关。“仑”字的本义指“编排完整，有次序有条理”。

车轮子是一个大圆圈，为了支撑重压，在大圈内用一根根直棍儿按次序排列，一端绕圆圈分部均匀地散开，另一端集中到车轴部位，这叫“车幅”，指由中心辐射出去。因车辐是按规律排列的，而“仑”字有“条理、次第”之义，所以古人用“仑”字作“轮”字的声符并会意。

楷书的字形由小篆演变而来，写作“輪”，现简化为“轮”。

“轮”字的本义指“车轮”。如车轮上连接轮辋（wǎng）和轮毂（gǔ）的部分称“轮辐”，车轮中心装轴的部分称“轮毂”。“轮轴”是种简单机械，由一个轮子和同心轴组成，利用杠杆省力的原理使车轮转动向前。“轮”字由本义引申指“像车轮的”，如齿轮、轮盘、滑轮、滚轮等。“轮”字由本义引申指“轮船”，如轮渡、海轮、货轮、油轮等。由“轮渡”又引申指“轮流”，如轮班、轮换、轮训、轮休、轮耕、轮唱等。

輪
小篆

輪
隶书

轮
楷书

臭名昭著的“轮陷先生”

“轮”字是个名词，指车轱辘，也就是车轮子。常用的词有轮船、轮流、轮回、轮渡等。在词典中只有“沦陷”，并没有“轮陷”这一词。“沦陷”指国家领土被敌人占领，失陷。失陷或被占领地区称之为“沦陷区”。“沦陷”也作书面用语，指淹没在水中。

“轮陷”是故意生造的词，虽跟“沦陷”谐音，但意思不同，不可用错。

说起“轮陷”，还有段民间故事呢。

南宋年间，浙江绍兴城外有座村庄，地处交通要道口。村头有位私塾先生，靠教十几个蒙童糊糊口。他家门口便是一条大路，南来北往的车马行人，必从这儿经过。这条路年久失修，每逢雨雪天就泥泞不堪，常有人跌跤滑倒，有些牛车马车的轮子陷进泥水里，要使劲推拉才能拖出来。这件事，让教书先生很恼火。每当车轮陷进泥里时，车夫们便大声吆喝一起拉车抬车，再加上驴喊马叫，十分嘈杂，连学生读书也不得安生。教书先生没办法，只好和家人一起，帮车夫将车子拉出来，结果弄得自己浑身大汗，衣服沾满泥水。有些车夫过意不去，常给教书先生几文钱以表谢意。

教书先生颇有经济头脑，他觉得帮人推车倒也是生财之道。可惜，这条路宽，也不是处处有坑，车轮陷下去的也不多。教书先生动了歪脑筋：每到阴天，眼看要下雨时，他就带领全家在门前路上挖几个坑，等到天亮，家里人就拿起绳索和铁锹竹杠，坐在门口，专等车轮下陷，凡要帮忙的，就开价三十文或五十文，以车子轻重收钱。如此这般，一年下来，收入也相当可观。就这样，他家门口的路越挖越差，坑越挖越深，路过的车夫怨声载道，于是，方圆百里的人都知道这儿有个“轮陷先生”，连带着，也把这个村庄说成是“轮陷村”。

村民们不堪忍受这种侮辱，家家户户都不把孩子送到“轮陷先生”家读书，怕他教坏了孩子，另修了一条新路。“轮陷先生”在村子里待不下去了，在一个伸手不见五指的黑夜，“轮陷先生”便带着全家远走他乡，不知去向，如今只留下“轮陷先生”的故事了。

捕捉鸟兽的罗网

luó

罗

古代的“罗”字是个上下结构的会意字，上面是个“网”字；下面是个“隹”字，读“zhuī”，指短尾巴鸟，两部分合在一起，表示用网捕鸟。当然，也可以用来捕小型的野兽。

小篆的“罗”字上部是“网”字，下部分的左边是“系”字，右边是“隹”字，指鸟。“网”和“系”两字表示捕鸟的网具，加上右边的“隹”字，整个字形表示用网捕鸟，本义是指捕鸟的网。

后来的繁体楷书，写成了“羅”，也就是人们常说的“四维罗”。上面的“罒”像网，“系”是系网的绳索，“隹”指鸟，本义也是指“捕鸟的网”。

简体字“罗”也是个会意字。上面的“罒”表示网，下面的“夕”表示夜晚。用网捕鸟，一般是在夜晚把网张在鸟群可能飞过的地方，然后让鸟群自己飞入网中，这就叫“自投罗网”。

“罗”字的本义是“捕鸟和捕兽的网”，如天罗地网、罗网。

“罗”转义为“张网捕捉”，如门可罗雀；“罗”由“捕捉”引申为收集、聘请的意思，如搜罗人才、搜罗材料；“罗”有“排列分布、包罗”的意思，如罗列、星罗棋布、包罗万象；“罗”指细密的筛子，也指一种纺织品，如轻罗、绫罗绸缎。

“罗”，也作姓氏。

甲骨文

金文

小篆

羅

隶书

罗

楷书

罗骑骡　朱赶猪

从前，绍兴城外的大罗庄，有位姓罗的老秀才。这天，罗秀才骑着家里的骡子，进城走亲戚，他出了村口，看到前面有个人，正赶着一头猪到城里卖，罗秀才定睛一看：“呀！这不是邻居朱二贵吗？”

罗秀才见朱二贵赶着一头猪，眯眼一笑，心中出了个歪点子。他想借此机会，卖弄自己的文才，也顺便戏弄一下朱二贵。

罗秀才赶着骡子，来到朱二贵身边，说：“二贵，我出个上联，你能对得出下联么？”

朱二贵说：“说吧，我听着！”

罗秀才阴阳怪气地说：“撇未朱，犬者猪，猪前朱后朱赶猪。”

说罢，看着朱二贵，乐得哈哈大笑。

朱二贵虽是农夫，但也识得几个字，他接口便说：“四维罗，马累骡，罗上骡下罗骑骡。”

罗秀才一听，发觉朱二贵的下联胜过他，就赶紧骑着骡子往前走了。

自投罗网

域外来的蔬菜——萝卜

luó

萝

“萝卜”的“萝”字是个后起字。萝卜这一蔬菜品种，最早是由西域传入中国的，据有关专家考证，萝卜原产地为地中海的亚欧沿岸一些国家。欧洲的萝卜体形瘦小，传到中国后，经改良培育才成了长形圆形的大萝卜。古人在用汉字为其命名时，将其汉化，为其造了个“蘿”字，这在小篆中可见到。

小篆的“蘿”字是个上下结构的形声字兼会意字，上面的“草字头”作形符，表示跟花草植物有关；下面的“羅”字读“luó”，作声符并会意。“草字头”与“羅”字组合，指的就是域外传入的蔬菜“萝卜”。因“萝卜”是植物，所以古人用“草字头”作形符。

古人为什么用“羅”字作“蘿”字的声符呢?

有人认为，萝卜形同用来淘米的圆圆的箩筐，也有人认为，从地里拔出萝卜后，会在地里留下一排排坑洞，这坑洞形同罗网的网眼，所以古人用“罗”字作萝字的声符并会意。

楷书的字形由小篆演变而来，写作“蘿”，现简化为“萝”。

“萝”字的本义指“萝卜”。也有人认为，“萝”字的本义指一种蔓生植物“莪蒿”，但使用范围很小。

“萝卜”一词为大家所熟知，如萝卜干、萝卜丝、白萝卜、胡萝卜、青萝卜等，种类很多。

小篆

蘿
隶书

萝
楷书

萝卜对锣钹

清朝光绪年间，扬州有个姓马的财主，他家道中落，靠出租祖上房屋过日子，日子过得虽紧，但不忘祖训，再穷也请来位秀才教儿子读书识字。

王秀才应聘上门，马财主跟他讲明：薪酬以教学质量而定，看他儿子识得多少字，能否作文对对子为标准。而且先试教三个月，考核后再确定是否录用。若考核不合格，三个月薪酬不给。王秀才明知这样的条款太霸道，但为了养家糊口，只得忍气吞声地答应了。

王秀才耐心教学，无奈马财主的儿子天资不高，加上年幼贪玩，一天也识不了几个字。再说马财主小气得要命，每日三餐，两粥一饭，早晚萝卜干，中午胡萝卜饭加白萝卜汤。王秀才饿得头昏眼花，强撑着教小少爷识字。他教得最多的是“萝卜”二字，反复讲，天天讲，还让小少爷天天看萝卜，所以小少爷满脑子的萝卜。

转眼三个月过去，马财主摆下一桌酒席，与王秀才共饮。桌上尽是青菜萝卜。马财主喝了口淡酒道：“今日我先试小儿对联水平可有提高。我先出一上联。”说罢，他指指桌上一盘炒青菜说：“青菜！”

小少爷立马答道：“萝卜！”

王秀才解释道：“好！青菜对萝卜，蔬菜对蔬菜。”

马财主听了点头认可，为了加大难度，他摸了摸身上穿的绸缎上衣说：“绸缎！”小少爷紧跟着回答道：“萝卜！”

马财主皱眉问王秀才：“怎么又是萝卜？”

王秀才夸道：“对得工整啊。绸缎对罗帛“bò”，衣料对衣料。这罗帛就是绫罗绸缎啊。”

马财主听了，点头称是。这时忽听得隔壁人家做佛事，响起一阵钟鼓声，他又出一上联：“钟鼓！”小少爷眼睛也没眨一下，回应道：“萝卜！”马财主奇怪的问：“怎么又是萝卜？”

王秀才解释道：“对得好呀，钟鼓对锣钹“bó”，乐器对乐器，此乃绝对啊。”此联博人一笑，笑中可知道“萝卜”“罗帛”“锣钹”这些谐音字的含义。

由陕西流经河南的洛水

luò

洛

甲骨文

金文

小篆

洛

隶书

洛

楷书

甲骨文的“洛”字从“水”“各”声，金文大致相同，小篆使其整齐化。隶变后的楷书写作“洛”。“洛”字的本义指“洛水”，又名“北洛河”，发源地是陕西东南部，经河南洛阳流入黄河的洛水，这条河也是渭水的支流。

从字形上分析，小篆的“洛”字是个左右结构的形声字。左边的三点水是形符，表示跟水有关；右边的“各”字读“gè”，作声符。三点水与“各”字组合，指发源于陕西，流经河南的洛河，也称“洛水”。

“洛”字的本义指“洛河”。

按古代传统的规定，“水之南为阴，水之北为阳”如江苏省的江阴，在长江南岸，故称“江阴”；“洛阳”在洛河的北岸，所以称“洛阳”。

成语“洛阳纸贵”，讲的是晋代人左思写了篇《三都赋》后，抄写的人非常多，洛阳城里的纸都涨价变贵了，借指著作广泛流传，风行一时。

郑导游妙解"洛"字

南京有位奇人名叫郑可鉴。他是无锡荡口人。他祖上是名进士，据说是位天文学者。到他这一代改行当了旅游公司老板，算是从商了，但他骨子里有祖辈的基因，业余时间好钻研汉字，近乎成癖。

郑可鉴的旅游公司规模不大，这天，他率团去洛阳，乘的是旅游大客车。有位青年游客对郑可鉴说："郑老板，听说你测字很在行，你帮我测个字，看看我是干什么行当的，将来有没有可能当个局长厅长什么的。"郑可鉴常出来充当导游，这种场面见多了。娱乐嘛，省得大家困乏无聊。他问小伙子："你要测个什么字呢，这得你自己定啊。"小伙子说："今儿不是到洛阳吗？就测'洛'字。"

郑可鉴笑笑："这'洛'字是你要测的，我以字说话，不中听可别生气啊！"小伙子大大咧咧："尽管说吧，骂也可以。"

郑可鉴分析道："'洛'字是地名，指洛水，它发源于陕西，流至河南入黄河。洛阳的名称来源于洛水之阳，即洛河的北岸。古代把山的北面或水的南岸称'阴'。如江阴就在长江南岸。"这一说，满车人叫好。嚯，长见识了。小伙子追问道："这个'洛'字跟我有什么关系呢？"

郑可鉴说："有哇，我从'洛'字看出你可能是单位秘书或宣传科的人。"小伙子听了，扭头大叫："后面不许泄密啊，我要看看郑老板真本事，你说说理由吧。"

郑可鉴分析道："这'洛'字左边是'水'，右下角是'口'，上面是个反文字。俗话说，'口水出文章'，搞宣传鼓励的，哪一个不是张嘴说话，声嘶力竭，声情并茂，讲得唾沫星子乱飞。所以我猜你是秘书或干事，屁股刚坐稳，还没当股长。"

有人提醒到："郑老板，留点面子哦，人家要当科长局长呢。"郑可鉴笑道："慢慢来吧。从'洛'字看，那'口'字在下方偏了点，上面的'文'字又是反文字，要摆正了还得花点功夫呢。"

满车人听得很过瘾，夸郑老板有水平。郑可鉴暗自好笑："这有什么水平呢？你们报上来的名单及旅游保险单里面信息可多哪，这些都在我手上啊"。

luò

络

用丝线缠绕——络

“络”字是个左右结构的形声字兼会意字，左边的“绞丝旁”作形符，表示跟丝线绳索之类有关；“络”字右边的“各”字读“gè”，作声符并会意。“丝”字与“各”字组合，指用丝线绳索之类，将物缠绕在一起。因是指用丝线之类将物缠绕，这跟丝线绳索有关，所以古人用“丝”字作“络”字的形符。

古人为什么用“各”字作“络”字的声符呢?

甲骨文的“各”字是个会意字，由上面的“止”字和下面的“口”字组成，表示“人从外面走到门口”，本义指“来到”，后来引申指“每个、彼此不相同的”。有“各个”“每个”及“逐个”的意思。用丝线或绳索把几样东西捆绑在一起，要一道一道地缠绕，这里就有“各个”和“逐个”地一圈又一圈缠绕之义，所以古人用“各”字作“络”字的声符并会意。

楷书的字形由小篆演变而来，写作“絡”，后简化为“络”。

“络”字的本义指“缠绕”，如络纱、络线、络丝，又如“这棵大树被藤蔓络住”。“络”字由本义引申指“像网那样的东西”。如形容人、马、车、船前后相接，连续不断称“络绎不绝”；连着鬓角的胡子称“络腮胡子”；还有丝瓜络、网络。由上义又引申指“覆盖、罩住”，如采用手段拉拢人称“笼络”；互通信息，接上关系称“联络”。“络”字还引申指人体的脉络，如经络、活络、筋络。

小篆

絡

隶书

络

楷书

“络”和“笼络”

“络”字的义项较多。作名词，指网状的东西。如丝瓜络。作动词用，指用网状的东西兜“dōu”住。也表示缠绕，如络线。

有个词“笼络”，作动词用，指用手段拉笼。

说起这个词的来历，有段历史故事。

北宋末年，有位著名学者名叫胡安国，建宁崇安人，即今日福建武夷山市人。曾在荆州、湖南等地做官，口碑好，受当地人尊重。

当时朝廷大权，都被奸相蔡京把持。他与另一奸臣童贯勾结，两人结党营私，搜刮天下，打击异己，贪赃枉法，天怒人怨，难怪《水浒传》要写到他，将他的恶名传遍天下。

胡安国也曾在朝廷任职，他除了处理公务。便潜心研究《春秋》等古典著作。他为人正直，志气高洁，从不依附权贵。当蔡京权倾朝野，不可一世时，有些官员如蝇逐臭，溜须拍马，对其望尘而拜，唯独胡安国从不登门，对蔡京不理不睬。蔡京心中怀恨，但也无奈。

待到钦宗登位后，才将蔡京免职，将他贬之岭南，行至长沙时病死。

宋钦宗赶走蔡京后，有一天上朝，问大臣许翰（chàn）：“你认为胡安国这人怎样？”

许翰对胡安国很了解，很敬佩。他当即回答道：“我对他可算太熟悉了。蔡京专权，满朝文武中不少人受他笼络。如胡安国这般清白正直，没受他笼络的，真是太少了。”

史书上曾记下钦宗与许翰的对话，留下“笼络”一词。“笼”和“络”本来都是拴套牲畜的用具，两字组合成“笼络”，本义有束缚住牲畜，以便驾驭的意思，但后来词义有所发展，常常用来比喻使用种种手段来拉帮结派，以此控制人，利用人，成了个十足的贬义词。

如果脱离这个故事，不以此事为“笼络”的出典，仅就“笼”与“络”这两个字义来看，“笼络”一词指用手段拉笼人心也是说得通的。“笼”有笼罩之义。旧时“笼”是囚禁犯人的戒具，也有困住、控制住的意思。“络”字指用网状的东西兜住和缠绕住的意思。用这两个字表示用手段拉笼人、控制人也并无不可。

身黑鬃白的马——骆

luò

骆

金文

小篆

駱

隶书

骆

楷书

金文的“骆”字是个上下结构的形声字，由“马”和“各”字组成。小篆的字形使其整齐化，变为左右结构的形声字，左边的“马”字是形符，表示跟“马”有关；右边的“各”字是声符，读“gè”；这两个字形组合在一起，指一种身躯四肢是白色，而颈子上的鬃毛和尾巴上的毛是黑色的马。

“骆”字楷书的字形由小篆演变而来，写作“駱”，现简化为“骆”。

“骆”字的本义指“黑鬃尾巴的白马”，后来“骆”字假借指“骆驼”。

“骆驼”是一种哺乳动物，反刍类。身体高大，头很小，颈子长，背上有驼峰，蹄扁平，蹄底有肉质的垫，适于在沙漠中行走。骆驼有双重眼睑（jiǎn），即有双重眼皮，能挡风沙。骆驼有高度耐饥耐渴的能力。它的嗅觉灵敏，能嗅出远处的水源，又能预感风暴的到来，可供骑乘和运货，是沙漠地区主要的力畜。有“沙漠之舟”的美称。

“骆驼绒”是呢绒的一种，也称“驼绒”。

“骆”字也作姓氏用。

除非马生角——骆

在秦朝和汉朝年间，由巫师和方士、术师这一类人，编造了能够预示未来吉凶的隐语，也称之为“谶（chèn）语”“谶言”。为了显示这些谶言很灵验，很神秘，制造者往往将有关的汉字拆开，变成一句话，或编写成童谣、民歌传唱，以求迅速传播，产生舆论效应。这些民歌童谣，有的是事先有目的地传播，也有的是事后编造的。如《三国演义》第九回中写道：董卓将死前夜，夜晚街市儿童传唱“千里草，何青青，十日卜，不得生！”歌词中将“董”字拆成“千、里、草”三字。“卓”字拆成“十、日、卜”三字。四句话指“董卓十日内必死！”不久，董卓被吕布刺杀。

到了清朝末年太平天国年间，太平军勇将石达开率军进四川，清军将领骆文忠率军围剿。当时骆文忠有两位部将协同作战。一位名叫黄醇熙，一位名为萧启江。但这两位部将都在战斗中先后阵亡。最后，骆文忠将石达开打败，大获全胜。在此之前，四川即有民谣传唱：“四川土地薄，硝磺用不着。若要太平时，除非马生角。”

细细分析这首民谣，你就可以发现，这里有好几个字被拆解了。“萧”字，俗称“肖”。萧、黄二将同剿石达开，就如同这两个字加在“石”字旁，成了“硝磺”，此物对治贼无效，所以说“用不着”。最关键的是“马生角”三字。“角”字与“各”字音近，这儿就以“角”代“各”。“马生角”就是“马”与“各”合，这就是“骆”。言下之意就是“若要剿灭石达开，非得骆文忠。”

如此一来，这句谶言就灵验了。

luò

落

小篆

落

隶书

落

楷书

植物凋谢叶子落下

“落”字是一个形声字，它的形旁是“艹”，声旁是“洛”。从它的形旁可以看出，“落”的本义是与植物有关。在古代，把植物的凋谢叫作“落”。

“落”有三个读音。

第一个读“luò”，植物的凋谢可以叫作“落”，物体因为失去支持也可以称作“落”，如“落泪”；“落后”的“落”是遗留在后面的意思，“落”也有停留、留下的意思，如落脚；“村落”的“落”表示聚居的地方；用笔签上自己的姓名称作“落款”。

“落”的第二个读音是“là”，读这个音的时候表示遗漏或把东西放在某一个地方忘记拿走，如我把包落在家里了；“落”也有由于跟不上而被丢在后面的意思，如“她走得最慢，落我们好远”。

“落”还可以读作“lào”，常见的是“落枕”这个词，表示脖子疼。

东晋·王羲之《淳化阁帖》

第二十三名——落

唐朝贞观年间，有一个读书人名叫王华，他准备参加乡试，临行前，王华向好友皇甫坦告辞。

皇甫坦是测字名家，他当场给王华写了一个“落”字送给他。王华虽然收下了这个字，可心里却很不高兴，嘴里嘀咕：“我将去应试，你却写个‘落’字给我，这不是存心要我落榜吗！”

乡试结束，等到揭榜的时候，王华的姓名赫然出现在榜上，为第二十三名。

王华心中大喜，他不由想到皇甫坦写的“落”字。心想他是测字名家，不会乱写的，禁不住又把皇甫坦写的“落”字取了出来，细细品味还真的看出了名堂。

原来，这“落”字上面的草字头就是二十，左下方的三点水为三，右下的“各”字看上去像个“名”字，若把这几个字合起来，正是“二十三名”。

落井下石

皮毛灰褐色的驴

lǘ

驴

金文

小篆

驢
隶书

驴
楷书

在中国文字中，与马相似的四蹄类动物，大都用“马”字作偏旁，如骆驼、骡子、毛驴。

“驴”字的繁体写为“驢”，这是个形声字，左边为马，表明这个字与马相关；右边为“庐”，是读音。后来简化成“驴”。

“驴”，为什么以“庐”为声旁？“庐”，原义是“火炉”。“火炉”燃烧时颜色如火，这与毛驴的皮毛颜色相近。“火炉”炽热，与毛驴的性格倔犟相近，所以古人用“庐”字作“驴”字的声旁。

驴有家养的驴和野驴之分。据科学家考证，驴分亚洲种与非洲种两种。现在世界各地被人们饲养，帮人们干活的驴，其祖先是非洲野驴。亚洲野驴从未被驯化过，直到现在，还自由自在地生活在野外。中国的驴，是秦朝时由西亚逐渐引入内地的。

“驴”组成的词并不多，大都以驴说事，如“驴肝肺”，比喻坏心肠；“驴唇不对马嘴”，比喻答非所问，或事物之间不相干；“驴年马月”，指事情的实现遥遥无期。

有时，人们用“蠢驴”来骂人。其实，驴子一点儿也不蠢，它外出认路的本领跟马儿不相上下。

解大学士骂方丈——驴

明朝永乐年间，翰林学士解缙得罪了成祖皇上，被流放到广西，住在一座寺庙旁。谁知这庙里的方丈是个势利之徒，见解缙被撤了官职，便从没给过他好脸看。

数年后，解缙官复原职，那方丈得知后，马上变了一副嘴脸，热情得叫人受不了。

解缙回京的前一夜，方丈亲自把解缙请到庙里，恳求他留下“墨宝”。解缙也不推辞，当场挥笔写道：“炉火方灭，马立旁边。”

待解缙走后，那方丈立刻让匠人把这幅字挂在寺庙最醒目的地方，向世人炫耀。有个私塾先生见了，忍不住哈哈大笑。

旁人不解，便向他请教，他边笑边说：“炉灭火，是个户字，马在它的边上，不正是个‘驴’字吗！”

众人一听，也都跟着乐了起来，原来解大学士骂方丈是“秃驴”呀。

黔驴技穷

lǚ

吕

甲骨文

金 文

小 篆

吕
隶 书

吕
楷 书

两块脊椎骨相连——吕

甲骨文和金文的“吕”字由两个“口”字组成，这是个象形字，其形状就像人或动物的两块脊椎骨连在一起。“吕”的本义指“脊椎骨”。

小篆的“吕”字与甲骨文、金文的字形略有不同。小篆在两个“口”字之间加上一条短线，将两个口字连起来，看上去像一串脊椎骨。因此后来的楷书写作“吕”，简化后又恢复为“吕”。

“吕”的本义指“脊椎骨”，但这个意义被后来新造的“膂”所代替。“吕”字借用指古代音乐十二律中的音律，总称“六吕”，但是，现在主要用于姓氏。

也有人认为，甲骨文、金文和小篆的“吕”字是象形字，但其形状不是像脊椎骨，而是像冶炼出来的铜锭。这是古代铜饼的象形描绘，其本义为“铜锭”，也就是如同饼状的铜锭。

铜锭说与脊椎说，谁更准确？读者诸君，不妨自己评判。

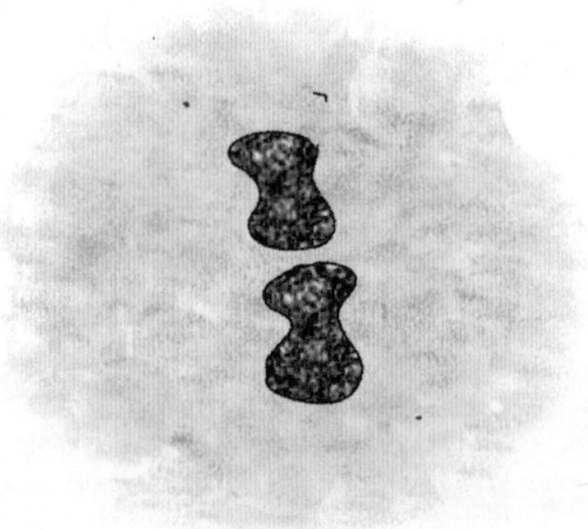

疯道人的暗示——吕

东汉末年，天下大乱，各路诸侯纷纷起事，占地为王，各自为政。

当时董卓实力最强。他手下有员大将名叫吕布，此人武艺超群，就连刘备、关羽、张飞三人一起上阵，也打不过他。董卓有吕布为他攻城略地，更是如虎添翼，不可一世。岂料，吕布虽有一身武功，但为人好色，且见利忘义。有个谋士叫王允，他设下美人计和挑拨离间计，买通了吕布，与吕布合谋，准备杀死董卓。

董卓一直把吕布当作心腹，死到临头，他还不知道呢。

这时，有个人看出吕布有背叛董卓的意图，便设法提醒董卓。

有一天，董卓上朝的路上被一个道士拦住，要他好好看看他手中的一根竹竿。

董卓抬头一看，只见竹竿上挂着一条白布，白布两头各写一个“口”字。

董卓好奇，问身旁的谋士李肃，这是何意，李肃随口说：“这是个疯道人，莫理他！”

董卓当即令护卫的士卒将这道人赶走了。其实这个道士在白布上写两个“口”字，这是个“吕”字，跟白布合在一起，暗指“吕布”，他在暗示董卓，要提防吕布。可董卓没理解，结果不久被吕布所杀，送了命。

相连的同伴——侣

lǚ

侣

古代的“侣”字，是个左右结构的会意字兼形声字，左边的单人旁是形符，表示这个字与人有关；右边的“吕”字是声符，读“lǚ”，意思是指关系密切的同伴，多指异性。“侣”字的本义指“同伴”，如伴侣、情侣、旧侣、僧侣、侣伴。

“侣”字也引申作动词用。伴侣是结合起来的，故称“结为伴侣”。古人为什么用“吕”字作“侣”字的声符呢？因为甲骨文和金文的“吕”字是个象形字，其字形就像人或动物的两块脊柱骨相接在一起，其本义指“脊柱骨”。正因为“吕”字是指两块脊柱骨相连在一起，用在“侣”字中，就取其“相连”这层意思，表示关系密切的同伴常常在一起，紧密相连，这就是“伴侣”。所以“侣”字用“吕”来作声符并会意。

“侣”字也作姓氏用。

金文

小篆

侣

隶书

侣

楷书

【瓦当欣赏】

秦汉瓦当

一人吃着两口饭——侣

“民以食为天。”古往今来，人们一直把吃饭当作头等大事，不是么？我们最常用的问候是：“吃饭了吗？”一个人寻找工作，称作“找口饭吃”。日常工作称为“混饭吃”。从事某项工作叫“吃这碗饭”。指某种职业称之为“饭碗”。有保障的职业称之为“铁饭碗”。生活艰辛称为“吃饭难”。没本领的人被称为“饭桶”。泛指生活或生存，都称之为“吃饭”，如靠天吃饭、靠本事吃饭。有些人靠本事吃饭，成了出类拔萃的人。

从前有一个姓侣的人家生了个男孩，孩子的祖母是位颇有学问的老太太。当初给孙子取名字时就说过：“孩子姓侣。这侣字呀，一个单人旁，外加两个口字，意思是一个人能吃两口饭。等他长大了，多干事儿，一个人吃两口饭！”

当男孩子成人后，干过许多份工作，如今，他所捧的饭碗远远超过当初祖母起名字时所期待的“两口饭”啦。

女子头顶竹篓——屡

lǚ

屡

小篆

屢
隶书

屡

说来“屡”字很复杂，它有一个曲折的发展演变过程。

甲骨文的“屡”字是个会意字。从字形上看，下面是一个“女”字，这女子头上顶一样东西，还伸出两手向上扶着。到金文时进一步画出所顶之物原来是一只竹篓。小篆使其整齐化，隶变后楷书写作“婁”，如今简化为“娄”，这是“篓”字的本字。

“娄”字本义指“竹篓”。竹篓编织如同竹篱笆，多孔而透明，所以引申为“中空，通透”。雕刻有“镂（lòu）空”之说，这就跟“娄”字搭上关系了。

古代“男子多负”，即多将物体背在身上，或扛在肩上。而“女子多戴”，即将物体顶在头上，所以如今朝鲜妇女和非洲及印度一些女子，还保持头顶水罐及重物的习惯。

妇女头顶重物时，一般会放一草编的圆环叠放在头顶作垫子，所以“娄”字又引申出重叠之义。后来又引申出“连续”“屡次”之义。因“娄”字引申出它义并作了偏旁，所以古人在上面加竹字头写作“蒌”，专门表示“竹篓”。后来又在“娄”字上加了个“尸”字写作“篓”。这“尸”字表示屋子，本义为“楼房”，这个字读“lǚ”。因楼房层层相连，所以“屡”字又引申指接连着，不止一次，这就是“屡次”，表示多次。“屡”字为引申义所专用，古人就在“屡”字左边另加“木”字为形符，“屡”字为声符造了个“楼”字专门表示“楼房”之义。

楷书的字形由小篆演变而来写作“屢”，后简化为“屡”。

就这样，“屡”字的本义就变成“连续多次”的意思，如屡次、屡屡、屡见不鲜，都是表示不止一次，指多次。

“屡”败屡战

汉字是形、音、义三者结合，密不可分，缺一不可。学习汉字，光记住它的读音，记住它的字形是不够的，还得深刻了解它的本义和引申的意思。

要说清楚一句话，表达一个完整的意思，光凭一个字，一个词是远远不够的。有些汉字，这一个字本身就可看作是一个词，它能独立表达一个意思。但大多数词，是由多个汉字组成的，这些词再通过各种语法手段，组合成一个句子，由这些规范的句子再组成一篇文章，这样才能完美地表达想说的主题。

人们在使用这些字或词组时，首先要深刻理解这些字或词的含义，要反复推敲，寻找最适合的字或词，同时，要准确地将这些字或词放在最合适的位置。这就是汉语语法中所说的“词序”。“词序”是汉语中重要的语法手段。

著名作家冰心生前说过：“读书好，好读书，读好书”，现在有人又加了句“书读好”。这四句话，将“读”“书”“好”这三个字，也就是三个词的词序作了调整，各自表达了不同的意思。

据历史记载，清朝末年，平江有位书生名叫李次青，此人虽熟读诗书，但不会打仗。当时统掌军政大权的曾国藩是清朝重臣，也是名臣。他是由文人被任命为武将的第一人。曾国藩以为李次青跟他一样，也任命他为将军，让他领兵打仗。李书生上了战场，每打一仗，必败一仗，这就是“屡战屡败”。

曾国藩为此大怒。他不首先检讨自己：你为何用他当将军？反而怒气冲冲，给皇帝写奏章，要惩罚李书生。奏章中有“屡战屡败”这一句要命的话。曾国藩身边有位姓李的幕僚，他看了这四个字，从利害得失考虑，同时也为曾国藩自己着想，建议曾国藩将“屡战屡败”词序倒一下，改为“屡败屡战”。

这一改非同小可。同样是一个“屡”字，李将军就由“败”为“胜”了。你想，一个“屡败屡战”的将军是何等英勇啊，他虽败犹荣，说不定还会得到重用哩。

穿鞋在街道行走——履

履

“履”字是个左上包围结构的会意字，字形复杂，由四个部分组成。

左上方的“尸”字表示“人”。古时用活人代死者坐着接受祭祀，多为死者下属或晚辈，并非死尸，后来用神祖牌或画像代替，这儿指“人”。左下方的双人旁“彳”字读“chì”，表示街道，也指半条街。右下方的“夂”字读“zhǐ”，在甲骨文中是个象形字，像一只朝下的右脚，表示到来，用在这儿指在大街上行走。在“履”字右上方的字形是个“舟”字，它们组合在一起，指人穿上像小船一样的方头鞋在大街上行走。

楷书的字形由小篆演变而来，写作“履”。

“履”字的本义为“穿鞋行走”。

履字由本义引申泛指“走、践、踏、踩”，如行走在险峻的地方像走在平地上一样，形容处于险境而毫不畏惧，也形容经历危险，但很平安称“履险如夷”；“如履薄冰”，则是指所走的路非常凶险。

“履”字由本义引申指“鞋”，如衣履、西装革履、削足适履。

“履”字由本义引申指“脚步”，如步履维艰，指行走困难，比喻工作或任务艰难，每走一步都不容易，“履”字还引申指“经历”，如个人的经历称“履历”。“履”字还引申指“实行”，如履行。履行职务称“履职”，官吏上任称“履任”或“履新”，实践自己应做的事称“履行”，实践约定的事称“履约”。

金文

小篆

履

隶书

履

楷书

“履”和“倒履相迎”

“履”字指鞋子。也指脚步。如步履。

有个词叫“倒履”，指把鞋子穿倒了。由“倒履”引出“倒履相迎”等成语。一般用来形容有尊贵的客人到来，主人喜出望外，急急忙忙出门去迎接。因古人都是席地而坐的，大都是脱了鞋子，盘腿坐着。出门时因过于兴奋，或找不到自己的鞋子，或错穿了别人的鞋子，或穿错了自己的鞋子，头尾不分，左右不辨，就拖着鞋子去接待客人了，这一细节，充分表现了主人的喜悦之情和热烈的气氛。这就叫“倒履相迎”。

有关“倒履相迎”的故事有不少。东汉史官班固写的《汉书•隽（jùn）不疑传》也有记载，说的是汉朝人隽（jùn）不疑访客的故事。

隽不疑是个著名学者。他潜心研究《春秋》数十年，学识渊博，很有名气。他是渤海人，即今日河北沧县一带人。与他同时代有位学者名叫暴胜之，有一次他到渤海讲学，隽不疑得到消息，便到他下榻的旅店去拜访。《汉书》中写到两人相见情景时，是这样描述的：“暴望不疑容貌庄严，衣冠甚伟，躧（xǐ）履起迎。”这话的意思是，暴胜之见隽不疑气概不凡，衣帽得体而大气，连忙起身迎接，急匆匆连鞋后跟也没来得及拽（zhuài）上，就拖着鞋子迎了上去。这里的“躧履”，指拖着鞋子。

《三国志•王粲传》也有类似的故事。其中写道：“蔡邕闻粲在门外，倒屣（xǐ）迎之。”这是写东汉著名文学家在蔡邕家请客时，听说诗人王粲来访，连忙起身迎接，心急慌忙之下，穿错了鞋子，就这么倒穿着鞋子，迎了出去。

“倒履相迎”及“躧履起迎”、“屣履迎之”等都是相同的意思，用以形容主人对客人欢迎时急切热切的心情。这与当时人们的生活习惯有关，也与当时文人交往时的真诚友好及热情好客有关。

缜密地思考盘算——虑

lǜ

虑

金文

小篆

慮
隶书

虑
楷书

古代的“虑”字是个上下结构的形声字，下面“心”字作形符，表示跟心理活动有关；上面的“吕”字读lǚ。小篆的虑字写作“慮”，是个上下结构的形声字兼会意字。下面的“思”字作形符，跟人心里盘算思考有关。“慮”字上面是“虎”字头，读“hǔ”，作声符并会意。

“虎字头”与“思”字组合，指通盘地谋划，缜密地思考。因是指缜密周到地思考谋划，这跟“思”字有关，所以古人用“思”字作“慮”字的形符。

古人为什么用“虎字头”作“慮”字的声符呢？

甲骨文的“虍”字是个象形字。在甲骨文和金文中，“虍”字与“虎”字是同一个字，皆像老虎形。隶变后分别写作“虍”和“虎”。“虍”字用作偏旁，但也表示“虎”。虎身上的皮毛有虎纹，虎纹条理清晰明显。而思考问题必须条理清晰明朗，一望而知。所以古人用“虍”字作“慮”字的声符并会意。

楷书的字形由小篆演变而来，写作“慮”，后简化为“虑”。“虑”字的本义指“为一定的目的而缜密思考”，如思考也称“考虑”，思索、寻思、思考称“思虑”，深谋远虑、深思熟虑、千虑一得、千虑一失等词语中的“虑”字都是“思考”之意。“虑”字由本义引申指“担忧”。如担心、焦急称“焦虑”，怀疑、疑惑称“疑虑”，担心、害怕称“顾虑”，担忧、害怕称“忧虑”。

“虑”和“千虑一得”

“千虑一得”，指愚笨的人，在多次的考虑中，总会有一次是对的。说起这一成语的出典，有段历史故事。

这句成语，出自《史记•淮阴侯列传》。书中记叙了汉朝大将韩信与谋士李左车的一次谈话。谈话中说到了“千虑一得”这个词。

李左车是秦朝末年的一位谋士，最早他是赵王的高级参谋。韩信率军来攻打赵国时，他为赵王设计了一套很好的作战计划，可打败韩信。但赵王没采纳李左车的计策，结果被韩信打得大败，就连赵王和李左车都当了俘虏。韩信对李左车以礼相待，向他求教。李左车不愿多谈，还说了句“败军之将，不可言勇”。韩信对他更加敬重，他经再三努力，终于与李左车成了莫逆之交。李左车愿为他出谋划策，继续向东，攻以燕国和齐国。韩信问道：“如今我人困马乏，难以取胜啊。”

李左车分析道：“将军从关中出兵，一路过黄河连续消灭魏国和赵国，势如破竹，威震天下，这是将军的优势。但也有不利之势，诚如将军刚刚所说，经连续恶战，士卒疲乏，兵源不足，粮草尚未跟上，若再强行东进，优势必减，弱势渐显，必遭燕国拼死抵抗，若不及时取胜，久攻不下，后面的齐国就有足够时间作好战争准备。燕国即使被攻下，但齐国早已严阵以待，你的弱点完全暴露，恐难取胜了。”

韩信又问：“先生有何妙计呢？”

李左车道：“善用兵者，必先用己优势对付敌方的弱势。依我之见，你应在此先休整军队，补充兵源，备足粮草接养。一面宣传即将攻打燕国。同时派一有口才的使者去见燕王，向他分析利害关系，显示优势，燕王不敢不服。若燕王投降，齐王也就害怕了。这两国可不攻自破，将军不妨一试。”

韩信听罢，极为佩服，夸赞李左车。李左车谦虚地说：“将军过奖了。人常说，‘智者千虑，必有一失；愚者千虑，必有一得’。我今日所说，只是愚者一得而已。”

后人将李左车的这番话，归纳成“千虑一得”，作为成语流传至今，指笨人屡经思考，也会有正确的见解。

lǜ

绿

甲骨文

小篆

綠

隶书

绿

楷书

青黄色的丝织品——绿

古代的“绿”字，是个左右结构的形声字兼会意字，左边的绞丝旁为形符，表示跟丝织品有关；右边的“录”字是声符，读“lù”；这两个字形组合在一起，指“帛类青黄色”。古人之所以用“丝”字作“绿”字的形符，因为“帛”是由丝织制而成的。

隶变后楷书写作“绿”。

“绿”字的本义指“帛类青黄色”，也就是绿色，又特指绿色的丝织品。

“绿”字由本义引申指“像草和树叶生长茂盛时的颜色”，这种颜色由蓝和黄混合而成。如沏出来的茶保持鲜茶叶原有的绿色称“绿茶”。交通信号灯显出绿色，表示可以通行称“绿灯”。沙漠中有水的地方称“绿洲”。绿肥、绿豆、绿地、绿化、绿叶、碧绿、草绿、翠绿、墨绿、嫩绿、绿油油、绿茸茸、青山绿水、桃红柳绿等，都指绿颜色。

“绿”字是个多音字，读“lù”时，用于“绿林好汉”“绿林起义”“绿营”“绿林军”这些词。

春风又“绿”江南岸

北宋神宗年间，王安石作为改革派的代表人物，被神宗皇帝任命为宰相。于是，一场轰轰烈烈的变法运动开展了。但不到三年，这场运动便遭到朝廷中保守派的反对，加之北方三年大旱，农民四处流亡，保守势力把这些都归罪于王安石变法的头上。宋神宗动摇了，于公元1074年免去王安石宰相职务。王安石只好乘船离京，返回故居江宁。但他并没有因被解职而忧伤，反而为一路上所看到的新景象所鼓舞。这些新景象，都是因变法而产生的啊。他心潮澎湃，很想为此写首诗，抒发心中的激情。当船途经扬州城外的瓜洲时，他站在船头，看着两岸的春景，顿生灵感，口占七绝一首：

京口瓜洲一水间，
钟山只隔数重山。
春风又到（绿）江南岸，
明月何时照我还？

诗句浅显易懂：镇江与瓜洲隔江相望，与南京的钟山离得很近。春风又吹绿了江南两岸，不知明月什么时候照我返回京城？

诗中，他用春风形容因变法带来的勃勃生机，并表示希望能重回朝廷，继续实施变法。

吟罢，王安石回到船舱，把诗写下来再反复推敲。他特别喜欢“春风又到江南岸”这句，但又感到“到”字用得欠生动，不妥贴，没能形象鲜明地将大好景象表现出来，也没能淋漓尽致地将自己心中的激情抒发出来。于是，他在心中一个字一个字地挑选着，想找到一个能胜过“到”字的字来。他想用“过”字，又想用“入”字……但都不满意。

王安石又登上船头，放眼望去，岸边一片绿色的草地吸引了他，他一下子抓住了“绿”字，于是立即返回船舱，写下了“春风又绿江南岸”的千古绝唱。这“绿”字，写出了大自然蓬蓬勃勃的兴旺景象，也抒发了他重整旗鼓、继续变法的强烈愿望。

这“绿”字，就成了后人所说的“诗眼”，犹如画龙点睛一样。

划地界各不相混——略

lüè

略

“略”字是个左右结构的形声字兼会意字，左边的“田”字作形符，表示跟田地有关；“略”字的右边是“各”字，读“gè”，作声符并会意。“田”字与“各”字组合，指划分地界各不相混。因指的是划分各家田地的边界，这跟田地有关，所以古人用“田”字作“略”字的形符。

古人为什么用“各”字作“略”字的声符呢？

“各”字有各不相同，互不相合的意思。每户人家的土地、多少不等，好坏不同，大小不一，相互接壤的地方一定要划清界线，各不相混，这至关重要，所以古人用“各”字作“略”字的声符并会意。

楷书的字形由小篆演变而来，写作“略”。

“略”字的本义指“地界”。因土地关系到全家的生存，所以为地界的划分会闹出许多矛盾，也会有人持强凌弱，侵占别人的土地，所以“略”字由本义引申指“夺取”，如侵犯别国领土，掠夺别国财富称“侵略”。由此引申指“计谋”，如计谋策略称“谋略”；指导战争全局的计划和策略称“战略”；还有胆略、才略、权略等词。

“略”字假借指“简单、稍微”，如略表寸心、略带微笑、略微、简略、略胜一筹。“略”字由“略微”引申指“扼要叙述”，如概略、节略、事略、约略，大略、不精确称“粗略”，没有注意到称“忽略”，阐述主要意思的概说称“要略”。“略”字由“略微”又引申指“省去、简化”，如紧缩词语称“略语”。还有略去、省略、删略、从略等词语。

金文

小篆

略

隶书

略

楷书

“略”和“所见略同”

秦朝被各路起义军推翻后，项羽、刘邦等参加起义的将领聚在一起，商量如何割据国土，分享战后果实。

项羽先自封为西楚霸王，将长江中下游及淮河流域最富裕的地方占为己有，建都彭城，即今日的徐州。他将刘邦的领地划在四川和汉中西南山区，封他为汉王，以汉中南郑为都城。然后又将秦朝的降将章邯（hán）、司马欣和董翳（yì）三人分封在汉中三个地方，这样既不让刘邦回家乡沛县，也不让他当汉中王。他是让章邯等三人守住汉中这要地，把刘邦困在偏僻的山区里。

刘邦率军进川，无路可走，只能沿着悬崖上用木板搭建的几百里栈道进山。刘邦采用谋士张良的计策，把走过的栈道全放火烧了。刘邦到了南郑，认为部下韩信是位将才，便拜韩信为大将，由他策划向东发展，夺回天下。

韩信为打开东进大门，先取汉中，建立兴汉灭楚的基地。他派三百名士兵去修复栈道。章邯等人听说此事，觉得可笑。三百人怎能修数百里栈道？他没把这事放在心中。岂料，数月后，韩信已率军抄小路攻入关中，占领陈仓，即今日陕西宝鸡县东一带。章邯本以为是谣传，谁知刘邦的军队已蜂拥而至，司马欣及董翳投降，章邯饮颈自杀。

原来，韩信派兵修复栈道，是假装要从栈道出击，暗中和刘邦率大军抄小路偷袭陈仓，出其不备，大获全胜，史称“明修栈道，暗渡陈仓”。

韩信这一计策，与当初张良建议刘邦烧毁栈道的计策是完全一致的。刘邦兴奋地说：“英雄所见，毕竟略同！”后人将这句话改为“英雄所见略同”，或称“所见略同”和“不谋而合”。表示事先未经商量，看法完全一致。

但是，人们对这条成语有两种不一致的看法。一种认为这是指杰出人物的见解大致相同。另一种认为这是指杰出人物在重大谋略上是一致的，因为“略”字表示“略微”，“有那么一点儿”，怎能说张良和韩信的看法是完全相同呢？“略”字表示谋略，“所见略同”，指的是计策、谋略完全相同，而不是“略微”或“大略相同”。这里的“略”字应作“谋略”讲。

lüè

掠

金文

小篆

掠
隶书

掠
楷书

以强暴手段抢掠

古代的“掠”字，是个左右结构的形声字兼会意字，左边的提手旁是形符，表示与手的动作有关；右边的“京”字是声符，读“jīng”；两形合一，表示以强暴手段抢劫，夺取他人财物为己有。

古人为什么用“京”字作“掠”字的声符呢？因为“京”字有高的意思，而这种高，是移别处的土来垫高自己的意味，“掠”字有以暴力强夺别人的财物而增加自己财物的意思，所以“掠”字以“京”字作为声符并会意。

“掠”字是个多音字，读作“lüè”时，其本义指抢夺，如抢掠、掠取、掠夺；“掠”字由本义引申指“轻轻擦过或轻轻拂过”，如掠过、浮光掠影、凉风掠面、掠过水面；“掠”字由“擦过”，引申指拷打，如笞掠、拷掠。

当“掠”字读作“lüě”时，由本义引申指顺手拿或用手抄起，如掠起一根棍子就打。

半推半就被“掠夺”

现在有的家庭，父母与子女之间，以朋友相处。特别是一些刚另立门户的儿子跟老爸铁哥们儿似的，常回家陪老爸喝酒聊天。临走，还得带点儿吃的用的，儿子实惠，父母开心。这也是当今社会的一道风景。

却说南京有家出版社的严老总，退休后喜欢自娱自乐，舞文弄墨，可惜他跟不上时代，仍是“笔耕”，不会使用电脑，在妻子的鼓动下，买了台手提电脑，准备请儿女当教练，日后好敲键盘写作。

这天儿子来了，一见手提电脑，顿时眼睛一亮，问：“老爸，多少钱？我正巧想买一台呢。”

妈妈一听，说：“你要，先拿去用，你爸一时用不着。”

儿子推让道：“那怎么行……”妈妈不容他推托，硬把尚未拆封的电脑塞进他怀里，儿子半推半就地收下了，还扭头说：“老爸，老妈这样执著，我只好半推半就地收下了。”

儿子乐颠颠地拎着手提电脑走了，老严生气地说了句：“这小子是抢掠！”妻子听了，不以为然：“哎哟，一台电脑有什么了不起，他是儿子，又不是强盗。”

老严纠正道：“他要就要是啦，还来个半推半就，半个‘推’字加半个‘就’字，就是个‘掠夺’的‘掠’字，你懂么？”

妻子无言以对，老严又补充道：“不仅是‘抢掠’，还对我构成‘干扰’。”

是啊，半个“推”字加半个“就”字，还可以组成个“扰”字哩，想到此，老夫妻俩不由哈哈大笑。

一字一世界

M

mā

妈

小篆

媽
隶书

妈
楷书

母的口语变音——妈

“妈”字是个后起字，是“母”字的口语变音后造的字，在《说文解字》中未收入。

“妈”字是个左右结构形声字，左边的“女”字是形符，表示跟女性有关；“马”字作声符，读“mǎ”；这两个字形组合在一起，指“母亲”。

古人之所以用“马”字作声符，是因为幼儿呼母亲时的声音与“马”相似。对幼儿来讲，开口呼、嘴巴一张就是“妈”音，难怪英文、俄文的“妈”字都是这一发音。

楷书的字形写作“媽”，现简化为“妈”。

“妈”字的本义为“母亲”，如妈妈、干妈、后妈。

“妈”字由本义引申指“对女性长辈或年长的已婚妇女的称呼，如大妈、姑妈、舅妈、姨妈。

旧时代也用来指中老年女仆人，如老妈子、奶妈。

追根求源说“妈”字

“妈”字是形声字。“女”字为形符，“马”字为声符。婴儿发音是无意识的，它张开嘴巴吐出的音节是“m”，接着从喉咙里呼出的是“a”，连在一起就是“ma”。“妈”与“马”谐音，所以“妈”字用“马”字作声符。

有人认为，“妈”字之所以用“马”作声符，与母爱有关。幼儿游戏时常将母亲当马骑，因此“妈”即为“可以让孩子骑背的女性”。此说恐有点勉强，当爸爸的给孩子当马骑着玩也很多啊。

还有人认为，农村妇女常把孩子固定在后背，这样既方便做家务，也便于照料孩子。对背上的孩子来说，母亲就好像是自己骑着的马儿。马儿的特征是头与颈上有长毛，而母亲的脑后长着长发，这种外型特征的相似和骑乘关系相似性就促成了“妈”字的诞生。此说想象成分多。

也有人考证，“妈妈”一词，与母亲的乳房有关。婴儿接触最多的是母亲的乳房。乳房也称“妈妈”。此称谓在方言中仍存在。乳房是婴儿接触最多最为熟悉的了。嘴里常发出“妈妈”的声音，所以以此来称呼母亲，这倒也说得通。

也有人认为，“妈”与“骂”谐音。“妈”是生养自己的亲人，是最受尊敬的人。粗野不文明的人常在口中带个“妈”字，如“他妈的”，这就是出口伤人，无异于骂人。

在我国众多少数民族中，在各地方言土语中，小孩喊“母亲”的发音也大都是“妈妈”。语言学家认为，这与婴儿自然发音和条件反射有关。婴儿吸过母亲的乳汁后常咂嘴发出“ma ma”的声音，表示满意。母亲听了也理解这一含义，便尽量满足孩子的要求。于是，婴儿大脑中便形成条件反射，有什么需要就张嘴喊“妈”，即便到了成年或老年，碰到意外或紧急情况，也会情不自禁地大叫：“我的妈呀！”

有人考证，说“妈”字是“五四运动”流行白话文后从国外移植过来的。此说遭质疑。在《红楼梦》《水浒传》《金瓶梅》等明清小说中常出现“妈妈”一词，可见数百年前就有了。

在房檐下晾麻

má

麻

金文

小篆

麻

隶书

麻

楷书

小篆的“麻”字是个会意字，左上方的“广”字读“guǎng”。在甲骨文中这个字形像“厂”。“厂”字像山崖，山崖下有屋形，本义指“借助山崖建造的没有前墙的敞屋”。犹如现在的牲口棚，或临时搭建的工棚，也就是后来的廊道、披间和厅堂。如今作了“廣”字的简化字。

“广”字的本义指“就着山崖造的敞屋”，后引申指“简陋的草房”。这草房下的“林”字不是“树林”之“林”，而是一条条劈出来的麻茎皮纤维。“麻”字的字形所表达的是“在屋檐下晾晒刚劈好的麻茎皮纤维”。

这种景象，在某些地区的乡村还能见到。

楷书的字形由小篆直接变来，写作“麻”。

“麻”字的本义指“劈好的麻茎皮纤维”，后引申指“麻类植物的总称”，如大麻、红麻、野麻、胡麻、黄麻、剑麻、天麻、亚麻等品种。

“麻”字由本义引申指“麻类植物制成的东西”，如麻制成的绳称“麻绳”；麻制成的线称“麻线”；还有麻包、麻袋、麻布；用石灰和在一起抹墙用的碎麻称“麻刀”，也称“麻捣”。

“麻”字由“麻包”引申指“不光滑，粗糙”，如有麻子的脸称“麻脸”；还有麻疹、麻风等词。“麻”字由“不光滑”引申指“感觉不灵活或失去知觉”，如麻醉、麻木、麻痹、麻木不仁。

“麻”字由本义又引申指“芝麻”，如芝麻糖、芝麻酱、麻油、麻花。

“麻”字是个多音字，读作“mā”时，指“刚有点儿”，如天麻麻亮。

测字高手猜“麻”雀

宋代是测字术流行的时代，这一时期，出现了一些测字名家，其中出生于四川成都的谢石，便是位最出名的职业测字家。他虽出生于成都，但他的大半生是在中原及江南一带度过的。

南宋初年，谢石一直在江苏常州居住，挂牌测字，颇有名气。常州府知府吴渊也喜测字制谜，跟谢石交上了朋友，两人常相互切磋，以拆字解字猜谜为乐。

拆字解字与猜谜是相通的，特别是与猜字谜，联系更紧密。

这年春三月，吴知府约谢石到城外野郊踏青赏花。两人在林间漫步。吴知府跟随的小厮捉了只小麻雀，藏在口袋里，用手捂着，准备带回家玩。吴太守见了，示意小厮莫声张，用手捂住莫动，叫他一起来到谢石面前说道：“谢大师测字如有神，猜谜也高人一等，不知大师能否猜出，这小厮袋中藏着何物？”

谢石看了看小厮口袋，如道：“请知府大人随指一物，以作提示，在下这才能猜得准确，否则大海捞针，无从猜起。”

吴知府环顾四周，见不远外有几个人在祭扫新墓，一年轻俏丽女子披麻戴孝，跪地哭泣。吴知府用手一指，道：“就依那个景象猜吧。”

谢石一看，略一沉思答道：“麻雀，对吧？”

吴太守点头认可，又问：“是死的还是活的？”

谢石道：“生死全在小厮手中！”

小厮拿出麻雀，将它朝天空一抛，麻雀扑着翅膀，欢叫着飞走了。

吴太守问谢石：“大师是如何猜出的？”

谢石道：“太守大人手指披麻戴孝的年轻女子，不外乎两个原因，一是披麻戴孝的‘麻’字，二是年轻俏丽的女子。‘年轻俏丽’称‘年少佳人’。‘年少佳人’乃是个‘雀’字，故我猜出小厮袋中藏着麻雀。”

mǎ

马

甲骨文

金文

小篆

馬

隶书

马

楷书

四蹄扬起的奔马

古人对马的感情可不同一般，马是重要的生产和交通工具。马还驮着主人，出生入死，拼杀沙场，所以马便有勇猛、威武之气。马很聪明，老马识途，所以深受人的喜爱。

看古代的“马”字，是一匹昂首直立的马：长长的马脸，大大的眼睛，颈背上一根根竖起的鬃毛，还有屁股上那一条弯弯的尾巴，活脱脱一匹骏马。“马”，是个象形字。

随着字形的变化，繁体的“马”字，主要突出了马的四条腿。这四点就像一匹脱缰野马，扬起四蹄，一路狂奔，充分表现了马善于奔跑，一往无前的特征。

“马”的本义是名词，指与马有关的事物，如马鞍、马甲、马刀。因为马奔跑得快，所以又引申为“即时、立刻、快速”的意思，如马上、马到功成。

“马”，也是姓。

《说文古籀补》

周《石鼓文》

齐·王慈《万岁通天帖》

“马”无蹄焉能行

乾隆皇帝下江南时，巡游到了镇江南郊，他一时诗兴大发，挥笔写下一首小诗，然后命一位年过花甲的老石匠，把它刻成石碑供奉起来。

老石匠接过圣旨，忙活了两天两夜才完工。谁知乾隆皇帝看了之后，竟然龙颜大怒，指着石碑上的那个“馬”字质问道：“馬无蹄焉能行？”老石匠哆哆嗦嗦地一看，顿时吓出一身冷汗。原来，他在刻碑的时候为求简便，随手把“馬”字下面的四点刻成了一横，写成了马。

老石匠正想着如何解释，乾隆又说话了：“既然你有胆子把我写的马字四个蹄子全部砍掉，那肯定有你的道理。这样吧，限你三天之内说出个道理来。”

老石匠急坏了，在家想了两天，也没想出好理由，直到第三天清晨，他的小孙女忽然灵机一动，说她可以代爷爷去回答皇上的问话。

老石匠没办法，只得让她去试试。就这样，小孙女来到行宫，大着胆子对乾隆皇帝说：“万岁不是说‘馬无蹄焉能行’吗，那‘牛’字‘羊’字都没蹄子，怎么都行到了现在呢？”

乾隆听罢，心想：对呀，牛羊二字都是一笔到底，下面也没四点，不也照样能行吗？想到这儿，他忍不住哈哈大笑，免了老石匠的罪。

mǎi

买

甲骨文

金文

小篆

買
隶书

买
楷书

用钱换取财物——买

甲骨文的“买”字是个会意字，上面是个“网”，下面是个“贝”。“网”写作“罒”，指装东西的网袋；“贝”是贝壳，古时候以贝壳作货币。合起来意为网袋里装贝壳去买东西。

金文承接甲骨文，字形大致相同；篆文承接金文，使其整齐化；隶变后的楷书写作“買”；如今简化作“买”。

“买”字的本义指“购买”。如用钱换东西称“购买”，做生意也称“买卖”，购进货物称“买进”，要买进的货物价格称“买价”，货物或房产等的购买者称“买主”，国家有代价地把私营企业占有的生产资料收归国有称“赎买”，成语“买椟（dú）还珠”，指买下了漂亮的匣子，却退还了珍贵的珍珠，比喻舍本取末。

“买空卖空”指投机者通过交易所或经纪人进行的一种商业性投机活动，在这一过程中，买卖双方都没有货款进出，只就投机者买卖进出间差价结算盈亏，泛指用欺骗手段搞投机活动。

“买”字由本义引申指“用钱或语言讨好、拉拢人”，如用财物或其他好处笼络人为自己所利用称“收买人心”，用言语或行动故意讨人喜欢称“买好”，为达到自己的目的用金钱收买人称“买通”。

“买”和“买办”

“买”字作动词用，指拿钱换东西，跟“卖”相对。如买菜、买单。有个词叫“买办”。这一词属名词，现在很少用到。这一词的产生和发展，有一个漫长的历史过程。

“买办”一词，早在五百多年前的明朝成化年间就有了。在《明史》中，最早出现的“买办”一词，是专指为宫廷供应日常生活用品的商人。后来这一词义扩展，凡负责官府或官僚家庭或富豪之家从事到外采购办公用品或日常生活用品的差人或家里的杂役佣人都称之为“买办”。

到了清朝，工商业发达了，富豪增多了，这些采购人员也增多了，“买办”一词用得更广了。

随着外国商人的增多，沿海地区，如广州、上海、北京等地，外国在华设立了不少使馆和领事馆，还有不少商业办事处，于是“买办”与外国在华的使馆和领事馆及办事机构产生了联系。

清政府在广州允许与外国人通商，但又担心洋人的风气会流传到中国，有伤风化，因而只允许洋人每月的月初、月中和月底有三天时间，由中国派人带领洋人上街购物办事，在日落之前必须回到他们的住所，不得在外逗留。后来，为了方便洋人上街购物，清政府又作出规定，凡洋人商馆所需要的物品，由中国人开办的各种商行，指派专门的人员，为洋人代为办理，这些代为办理采购业务的人员，就称之为“买办”。

鸦片战争后，中国被列强瓜分为半殖民地国家，外国侵略者逐步地把雇用买办制度化，形成了买办制度。这些被雇用的买办，在得到外商的信任后，利用外国资本主义的特权和影响力，自己经营工商业，直接剥削中国广大劳动人民，从中获取巨额利润。这样，买办和买办商人得到迅速发展，逐渐形成了“买办阶级”。“买办”这个词就演化为特指在殖民地和半殖民地国家，专替外国资本家在本国市场经营企业、推销商品的代理人。

在旧中国，买办资产阶级掌握经济大权和政治大权后，逐渐发展成为官僚资产阶级，也叫“买办阶级”。随着新中国的建立，“买办”和“买办阶级”都随着旧时代一起消失了。

mài

麦

甲骨文

金 文

小 篆

麥

隶 书

麦

楷 书

上天赐来的粮食——麦

古代的“麦”字是个会意字，上面的字形是“來”字，像成熟的大麦和小麦的形状；下面的字形是“夊”字，这个字读“suī”，在甲骨文中是个象形字，像一只朝下的右脚，表示“到来”。“夊”字与“來”字组合，便是“麥”字。古人认为麦子是上天赐来到人间的粮食作物，供人们食用的。后来这“麥”字简化为“麦”。

在“麦”字发生变化的过程中，“来”字与“麥”字意思相互交换了。原先表示“麦”字的“來”字，变成了由远到近，由彼至此的意思。而表示来去的“麥”字变成了指“一年生的草本植物”。

楷书的字形由甲骨文直接变来，写作“麥”，后简化为“麦”。

“麦”字的本义指“小麦”。

“麦”是一年生或二年生草本植物，籽实用来磨面粉，也可以用来制糖或酿酒。是我国北方重要的粮食作物。

“麦”子的种类有小麦、大麦、黑麦、燕麦等多种；“麦”字专指“小麦”。

常用的词有：“麦秸”，指脱粒后的麦秆；“麦芒”，指麦穗上的芒；“麦季”，指收割麦子的季节；还有麦客、麦浪、麦片、麦芽糖等。

“麦”字也作姓氏用。

“麦”与“来”的冤假错案

无锡梁溪谜语研究会的同仁，这天在探讨几个字谜时，讲到了“麦”字。小陶说了两个谜面：。“春一半，夏一半”，指“春”字上半部和“夏”字下半部合而为“麦”；“半夏露毒头”，谜底也是“麦”字。

会长马汉文说：“字谜当然要与时俱进啰，现在只能以简化字为准。若说到繁体字‘麥’字，可作字迹的部体那就更多了。但我发觉，繁体字‘麥’字的上半部，与‘來’字极为相似。下面的‘夊’字代表行走，所以‘麥’字的本意就是来往的‘来’。”

小陶问：“‘来往’的‘来’怎变成‘稻麦’的‘麦’了呢？”

老马说：“其实金文中的‘來’字就是麦子形状，上部是麦穗，还有麦芒。中部是叶子，下部是根。问题是，‘麥’字与‘來’字怎么会混合在一起又怎会搞错的呢？这就要大胆想象，合理推测了。”

小陶鼓动道：“那你就大胆推测一下吧。”

老马说：“麦是人类生存的主要粮食，我国北方大都种麦。先民们会问，麦从何而来？‘麥’字告诉我们，‘麥’从‘夕’从‘來’。它是从夕阳西下的西方传来的。现在西藏的藏语中，仍将麦类的青稞作称‘来’。所以生活在中原的古人，就将夕阳西下从西方的‘來’写成‘麥’。这种说法，跟‘麦’来自天帝的恩赐，是由神鸟带到人间的说法是一致的。可见，从古代‘來’字‘麥’字就搅和在一起，以致造成后来的错位。”

小陶说：“‘来’与‘麦’这两个字读音不同啊。”

老马说：“有专家猜测，西域的‘來’（lái），到了中原为什么会变成‘麥’（mài）呢？因为西域人把‘來’运到中原卖。中原人见了会问：你的來卖不卖？西域人会高兴地说：卖！卖！卖！卖与麦同音，于是原先的‘來’（lái）字就改成了‘麥’（mài）。这样，‘麦’字失去‘来往’的‘来’字本义，转而被作为农作的‘麦’；而‘来’字失去了原来的本义‘麦’，而被用来专指来去的‘来’。这是汉字中的一大错案，但极深蒂固，无法改动了。”

小陶对此翻高论深表疑惑。老马只好说：“一家之言，仅供参考。”

mài

卖

甲骨文

金文

小篆

賣

隶书

卖

楷书

出售——把东西卖出

古代的“卖”字，与现在的卖字已大不一样了。古代的“卖”字是个上下结构的会意字。上面是个“出”字，下面是个“买”字，它的本义是出售，也就是卖出去的意思。

要说明白“卖”字，必须先说明白“出”字和“买”字。

甲骨文和小篆的“出”字，像“止”字，表示从洞口往外走。“止”就是脚，脚向外走就表示出去。用在“卖”字中，就是把里面的，或自己的东西拿出去。

再看甲骨文和小篆的“买”字，这是个上下结构的会意字。上面是个网的形状，下面的“贝”表示贝壳，也就是货贝。用网取贝，就是拿钱换东西，将东西买进的意思。网的作用最终是把值钱的东西换回来，也就是取回来。

卖字是什么意思呢？就是把买回来的东西再卖出去，这就是“买卖”了。

卖的本义是“出售、卖出”，所以转化为“背叛、出卖”，如卖国贼、卖官。

卖，还有尽量使出来的意思，如：卖力、卖劲。卖还有故作姿态，显示自己的意思，如卖功、卖弄、卖乖。

今天的简写的“买”与“卖”，完全符号化了，已看不出当年这两个字的字形所表达的丰富内涵了。

细读诗书不用言——卖

明朝嘉靖年间，湖南出了一个姓赵的才子。此人虽然吟诗作画，样样精通，但是家里却穷得叮当响，经常吃了上顿没下顿，可他又极好面子，从不好意思求人施舍。

一天，赵才子实在饿得受不了，就作了一幅画，挂在街头，想换两个银子饱餐一顿。

时候不大，来了一位老者，询问赵才子，他的画卖不卖。赵才子见周围人来人往，没好意思马上作答，想了半天才小声说道：“老人家，我这是‘细读诗书不用言’哪。”

老者一愣，低头琢磨片刻，忽然哈哈大笑起来，接着从口袋里摸出一锭银子，往赵才子手里一塞，然后摘下画转身而去。

原来，赵才子说的那句话是个字谜，“读”字不用言，正是个“卖”字。

倚老卖老

mài

脉

人身体内的血管——脉

古代的“脉”字写作“脈”，这是个左右结构的形声字兼会意字，左边的月肉旁是形符，表示跟人的肌体血肉有关；右边的“𠂢”字是声符，读“pài”。这两个字形组合在一起，指“人体中的血管”，因月肉旁表示人体的血肉，所以“脈”字用“月”字作形符。

古人为什么用“𠂢”字作“脈”字的声符呢?

甲骨文的“𠂢”字与“永”字同形，是“永”字的反写。这是个会意字，表示一个人在水流中游泳之意。这一字形有游泳、水流和荡漾三种含义，它也表示水流的分支。而人体内的血管如同河流中许多支流，所以“脈”字用“”字作声符并会意。

隶变后的楷书写作“脈”，后来作为异体字被淘汰。“脉”是楷书的规范字。

“脉”字的本义指“人身体内的血管”，如中医对人动脉和静脉总称为“脉络”，也用来指条理和头绪；中医把人体内气血运行的通路称“经脉”；血脉、筋脉、结脉、促脉等都是指人体内血管。

“脉”字由本义引申指“脉搏”的简称，如号脉、把脉、按脉、脉象、脉理、脉案、切脉、诊脉等都指“脉搏”；“脉搏”即人的心脏收缩时，因输出血液的冲击引起的动脉的跳动，简称“脉”，也称“脉息”。

“脉”字由本义引申指“像血管连贯分布而成系统”，如像脉络似的向一定方向延伸的群山称“山脉”，叶片上分布的细管状构造称“叶脉”。

“脉”字是多音字，读“mò”时，用于“脉脉”，形容眼神表达爱慕的情意，如含情脉脉。

小篆

脉

隶书

脉

楷书

为老水牛把脉

在民间故事中，有许多是讲财主如何吝啬刻薄，穷人如何跟他斗智斗勇的。其中不乏幽默风趣，充满智慧，饱含文化知识的好故事。

却说民国年间，苏北建湖王家庄有个财主王世虎，此人笑里藏刀，人称“笑面虎”。

笑面虎家有个长工刘三，身体壮实，心灵手巧，耕田种地、砌墙修屋样样在行。平日里“笑面虎”只给刘三吃山芋干子胡萝卜，管饱不管好。每到节日时，他总是笑眯眯地对刘三许愿：“好好干活，过几天给你吃白面馒头！”到时候他又说：“哎呀，真不巧，麦子吃光了，等收了麦子再说吧。”可过了几天，刘三看到“笑面虎”赶着毛驴，偷偷到城里粜（tiào）麦子，他宁可把吃不了的麦子卖掉，也不让长工尝一口。刘三一日三餐，吃的仍是玉米糊糊高粱面。

这天，“笑面虎”到田头查看，只见老水牛躺在田头吃草，刘三睡在旁边，抱着牛腿不知干什么。“笑面虎”问：“你不耕田，这是干啥呢？”

刘三淡淡地说：“牛病啦，我在给它把脉哩。”

“笑面虎”一听，忙问：“牛真的病了，脉象怎样？”

刘三没好气地说：“这畜牲的脉把不准。你说它有脉吧，不让切；你说它没脉吧，它还往外跳。这老畜牲恐怕心肺烂了，活不长啦。”

“笑面虎”听了，顿时涨红了脸。刘三的话，字字句句刺在他心上，刘三在指桑骂槐痛斥他哩。刘三借“麦”与“脉”，“切”与“吃”“跳”与“粜”这六个字分别同音，将“笑面虎”骂了个狗血喷头。

用发面蒸制成的馒头

mán

馒

"馒"字是个后起字，在《说文解字》中未收入。

"馒"字是个左右结构的形声字兼会意字，左边的食字旁是形符，表示跟食物饮食有关；右边的"曼"字作声符，读"màn"。这两个字形组合在一起，指"用发面蒸制成圆形，样子像人头的面食"。所以用食字旁作形符。

古人为什么用"曼"字作"馒"字的声符呢?

"曼"字在甲骨文中是个会意字，有蒙起来、覆盖起来的意思。因馒头一般呈圆形，像蒙住头的样子，最初曾用"曼"字来表示"馒头"。馒头里有的有馅儿，即今日的"包子"。后来古人在"曼"字左边加义符"食"字作"馒"，专门指馒头，一般没有馅。由此可见，"曼"字曾作"馒头"使用过，所以古人用"曼"字作"馒"字的声符兼表义。

楷书的"馒"字由小篆演变而来，写作"饅"，现简化为"馒"。

"馒"字的本义指"用发面蒸成上圆下平没有馅的食品"，这就是"馒首"，方言称"馒头"。

小篆

饅

隶书

馒

楷书

“馒头”与“蛮头”

在我国，不论是南方还是北方，除了米饭、馒头也可算是主食了。

说起馒头的历史，恐怕要追溯到2500多年前的战国时期。那时人们还没掌握面粉发酵的技能，只会将面粉放在锅里蒸，所以称之为“蒸饼”。到了汉代，人们会制发面饼了，将“蒸饼”改称为“面起饼”。有人考证，在东汉三国时期，蜀国丞相诸葛亮，教人将发酵的面粉揉成人头的形状，当作祭祀的供品。

古代一直把南方称为“南蛮之地”，那儿的少数民族被称为“蛮人”“蛮子”。当地人以人头祭神，诸葛亮教人用包了肉的面团，做成人头的形状，作祭祀的供品，将此称作“蛮头”，因“蛮”与“馒”同音，后来误传为“馒头”。这就是有据可依的“馒头”的来历。

到了唐代，馒头的形状变得小了不少。到了宋朝，馒头的花色品种就多了起来。读过《水浒》的人都知道，打虎英雄武松的哥哥名叫武大郎，他是以卖“炊饼”为生的，什么叫“炊饼”？有人考证，炊饼就是“蒸饼”，这是一种圆形的干体结构的面制食品，外表干焦，有层芝麻，内有夹层，夹层内是盐和胡椒粉，外焦内柔、颇有韧性，吃时得用手撕。如此说来，这与今日之馒头大不一样，这蒸饼应属炉子里烘烤出来的烧饼、馕之类，而不是用蒸气蒸出来的馒头。据说这种“蒸饼”的“蒸”字，与宋仁宗赵祯的“祯”字谐音，为避讳，百姓只好将“蒸饼”改称“炊饼”。这样说也说得通，因为“炊”字泛指烧火做饭。不过，在习惯上，人们都把没有馅的称为“炊饼”，把有馅的称作“馒头”。

明朝以后，人们直接以“馒头”来称呼原来的“炊饼”。而包了馅的馒头称作“包子”。

也有人认为，以上说法还是模糊不清。宋代学者黄朝英在其所著《缃素杂记•汤饼》中说：“凡以面为食具者，皆谓之饼，故火烧而食者呼为烧饼；水煮而食者呼为汤饼；笼蒸而食者呼为蒸饼。”由此看来，武大郎卖的炊饼是烧饼而非馒头。

水盈往外溢——满

mǎn

满

“满”字是个左右结构的形声字兼会意字，左边的“三点水”作形符，表示跟水有关；右边的“㒼”字读“mán”，作声符并会意。“㒼”字和“水”组合，指“水太多而外溢”。因是指水多溢出来，所以古人用“三点水”作形符。

古人为什么用“㒼”字作“满”字的声符呢?

金文的“㒼”字是个象形字，字形像蚕吐丝结茧的形状，表示蚕已结满了，茧已完全均匀地把自己幔（màn）了起来，也就是遮挡着悬挂起来。本义指“蚕结满了茧”；引申指“遮幔无缝隙”，也有平均平衡之义，而只有当水与容器最高处相持平才表示已经满了，再多就溢出来了。所以古人才用“㒼”字作“满”字的声符并会意。

楷书的字形由小篆演变而来，写作“滿”，现简化为“满”。

“满”字的本义指“充实，无空余”，如充足或指植物的种子肥大壮实称“饱满”；运输工具装满了东西，或指收获甚丰称“满载”；美好而圆满称“美满”；圆满，没有缺欠称“完满”；还有丰满、不满、爆满等词。“满”字由本义引申指“全”，如满门、满怀、满目、满面、满心、满腔、满眼等词。

“满”字由本义引申指“达到极限或限期”，如满分、满期、满员、满额、期满、客满。“满”字还引申指“感到符合心意”，如满意、心满意足。由此又引申指“骄傲”，如骄傲自满、满招损。又指我国的一少数民族，如满族、满人。

滿

小篆

滿

隶书

满

楷书

美“满”婚缘

民国年间，南京夫子庙文德桥头测字大师胡铁嘴，他为人测字，察言观色，细听原委，然后判断出是非，再结合相关字理，说出自己的见解。他抱着劝善不劝恶的原则，息事宁人，相安无事。若是婚姻大事，更是劝和不劝散，美满姻缘一线牵。

常府街的常二奶奶，上次是为孙女测婚姻，这次是为外孙女测婚姻。她进门便说：“大兄弟，上次你测的灵哪，这次我外孙女又有人上门提亲啦。”胡铁嘴问：“是哪家有这等福份啊。”

常二奶奶道：“内桥大药房，秦家的小老巴子阿满。我见过，这孩子乖巧，嘴甜，但不知两人有无缘份。你就给我测个‘阿满’的‘满’字吧。也好放宽心。”

胡铁嘴心里明白了。因为老太太一番表白，把底都亮了。他提笔一边写“满”字，一边说：“以‘满’字测婚姻，还有什么话说呢？你看，左边三点水，上面草字头，水草丰满，一片青绿，一幅清静又光旺的景象。再看，这右边草字头下是门框，好比港澳办公室有间草屋，屋里有两个人，这两人并排而坐，相依相靠，恩恩爱爱，白头到老。”

常二奶奶听罢，乐得哈哈大笑，但随即说：“测字是天意，不能总是由自己出字。你让我摸个字，看老天爷什么意思。”胡铁嘴听了，忙递上字袋，她从中摸出个字一看，是个“里”字。

胡铁嘴边写“里”字，边说：“这‘里’字上为‘日’，下为‘土’。‘日’为‘天’，‘土’为‘地’，天地相想，这是天作之合。你老姐姐的外孙女有贵人之相，这就是德配天地。‘里’字若配人家便是个‘俚’字，就有了俚俗之气。如配上‘王’者，便是‘治理众人之理。’俗话说，高处不胜寒，王侯将相，自有他们的威风，也有他们的难处，平民百姓，即不做俚俗粗人，也不想治理他，过平民生活，俗话说，知足常乐，这些都在‘里’字之内。”

老太太听罢，击掌叫好，转身翻包。胡铁嘴以为她找荷包掏钱，忙上前制止，老太太掏出罐上等茶叶说：“君子之交淡如水，送点好茶你润润嗓子，也是老姐姐我一番心意。”

一种草上的细刺——芒

máng

芒

金文

小篆

隶书

楷书

“芒”字是个上下结构的形声字兼会意字，上面的“草字头”作形符，表示跟草有关；“芒”字下面的“亡”字读“wáng”，作声符并会意。“草字头”跟“亡”字组合，指“一种草上的细刺”。因是指草上的细刺，这跟草有关，所以古人用表示“草”字的“草字头”作“芒”字的形符。

古人为什么用“亡”字作“芒”字的声符呢?

甲骨文的“亡”字与“盲”字同义，“亡”字是“盲”字的本字，是最早的“盲”字，本义指“盲人、瞎子”；后引申指“逃亡”，又引申指“死亡”，由此又引申指“无”。

小草上的细刺，非常细微，几乎看不见，属于似有似无，这跟“亡”字的所含有“死亡”及“无”字的含义是相吻合的，所以古人用“亡”字作“芒”字的声符。

楷书的字形由小篆演变而来，写作“芒”。

“芒”字的本义指“一种草上的细刺”，如麦穗上的“芒”称“麦芒”；像芒刺扎在背上一样称“芒刺在背”，比喻很不舒服，或坐立不安。

“芒”字由本义引申指“像芒的东西或物体尖锐部分”，如刀、剑的尖端，比喻事物的锐利部分称“锋芒”，也比喻人的锐气；向四面放射的强烈光线称“光芒”；“初露锋芒”指刚开始显示出力量或才干，这里的“锋芒”指刀剑的刃和尖，比喻锐气或才干。

“芒”和“芒刺在背”

“芒”字作名词用，指某些禾本科植物，如大麦、小麦籽实的外壳上长的针状物。如芒刺。成语“芒刺在背”，指像芒和刺扎在背上一样，形容坐立不安。也说作“如芒在背”。

说起这一成语的出典，有段历史故事。

这个故事，出自《汉书•霍光传》。

西汉时期，有位政治家名叫霍光，字子孟，河东平阳人，即今日山西临汾西南一带人。是西汉名将霍去病的弟弟。汉武帝时，任奉车都尉。汉武帝临终时，拜他为大司马大将军，任命他和桑弘羊及金日（mì）磾（dī）三人一起，辅佐年幼的昭帝治理国家。昭帝在位十四年，死后，霍光扶持刘贺当皇帝。不久又废了刘贺，并将刘贺身边的近臣两百多人都杀死。接着，霍光扶持汉武帝的曾孙刘询当皇帝，这便是汉宣帝。

汉宣帝是个聪明人，他深知霍氏家族权势极大，自己已无法控制他，就连生死及这皇位的存废都掌握在霍光手中，因此他对霍光有恐惧感。

举行登基仪式这天，汉宣帝按规矩乘车前往祖庙朝拜祖先。汉宣帝坐的马车在“笃笃笃”地向前行进，马车旁，霍光牵着他自己的马，在一旁步行，这是按规矩，由一位将军护卫着宣帝的马车。坐在车上的宣帝看到眼前这番景象，焦燥不安，用《汉书》上所记载的一句话说是“若有芒刺在背焉。”这就是说，宣帝当时不安得就像有芒刺在背上一样。

不管是古人还是今人，若是背上有麦芒在背上刺着，那是个什么滋味啊。也许有跟随左右的大臣已看出了宣帝的窘（jiǒng）态，设法换了位将军代替霍光，这才使宣帝安定下来，勉强地举行完仪式。

霍光死后，宣帝很快采取措施，削弱霍氏家族的权力。霍光的后代心有不服，暗中策划谋反，汉宣帝果断出手，以叛逆罪将霍家满门抄斩，一个不留。

后人以宣帝“芒刺在背”的故事，作成语流传下来，以此比喻很不舒服和坐立不安，也用来形容预感到某种潜在的威胁，产生一种浑身不舒服不安定的恐惧感。

máng

忙

心中紧张没空闲——忙

“忙”字是个左右结构的形声兼会意字，左边的竖心旁是形，表示与心理活动有关；右边的“亡”是声符。用竖心旁作形符，表示心中紧迫、紧张，没有空闲；声旁“亡”，本义指“逃亡”，由此引申为“失去”，又引申指“死去”。

在“忙”字中，较多的是表示失去的意思，因心中忙乱，也就是心慌意乱，极易失去主张，所以“忙”从“亡”声并会意。

“忙”字的本义为“内心恐慌”，引申指“事情多，没空闲”，如匆忙、繁忙、忙乱、急忙、连忙、忙里偷闲。

“忙”，又引申指“急迫，急着去做，加紧地做”，如忙不迭、奔忙、赶忙、慌忙、农忙、忙乎、忙活、忙季、忙碌、忙于、手忙脚乱。

金文

小篆

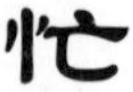

隶书

楷书

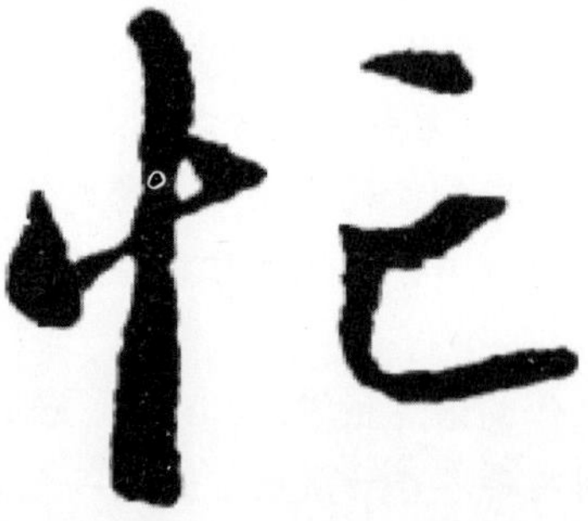

元·赵子昂《停云馆法帖》

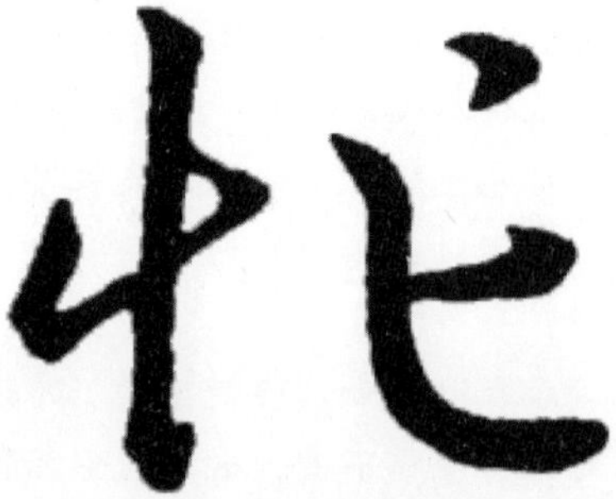

元·赵子昂《三希堂法帖》

心儿长在一边上——忙

有对小夫妻，男的叫小胡，女的叫小秦，两人恩恩爱爱，和和美美，别提他们有多幸福了。

小胡是一家公司的总经理，近来，公司业务忙，他早出晚归，连节假日都得上班。几个月来，他跟爱妻小秦没在一起吃过一顿饭，没讲几句贴心话。这下，小秦心有不满，在婆婆面前发牢骚啦，说小胡将她和家都忘了。

婆婆私下批评儿子，不能光为了工作，忘了媳妇，忘了家。要他买点鲜花、小首饰、小零食留给妻子。这天，她跟儿媳一边喝茶，一边谈心，说：“我出个字谜你猜猜，猜出来，有礼品！”

小秦说：“妈，你想考考我？说吧，不信猜不出！”

婆婆说：“说他忘，他没忘，心儿长在一边上。”

小秦闭着眼，想了好一会，终于猜出了婆婆的心意和谜底，她说：“妈，我知道了，你要我谅解小胡。他没忘记我，心里也一直想着我。他实在是太忙了，对吗？”

婆婆一把将儿媳搂在怀里，深情地说：“对，他没有忘，心儿长在一边上，这就是个忙字。他给你留着这么多的小礼品呢。”说罢，拿出儿子买的小首饰、小零食，送给小秦。这下，小秦别提有多高兴啦。

失去视力——盲

máng

盲

金文

小篆

盲

隶书

盲

楷书

“盲”字是个上下结构的形声字兼会意字，下面的目字作形符，表示跟眼睛有关；“盲”字上边的“亡”字读“wáng”，作声符并会意；“亡”字与“目”字组合，指失去视力，眼睛看不见事物。因是指眼睛看不见东西，这跟“目”有关，所以古人用“目”字作“盲”字的形符。

古人为什么用“亡”字作“盲”字的声符呢？

甲骨文的“亡”字是个象形字，与“臣”字同为侧目而视的字形，只是“亡”为无眼珠的“臣”。由此可见，“亡”是“盲”字的本字，是最早的“盲”字。

“亡”字由失去眼珠子引申指“失去”，后来又引申指“逃亡、灭亡”。“亡”字为引申义所用，又作了偏旁，古人就在“亡”字下边加“目”字写作“盲”，用来专门表示眼睛瞎了，看不见东西。正因为此，“亡”字才成了“盲”字的声符兼会意。

楷书的字形由小篆演变而来，写作“盲”。

“盲”字的本义指“眼睛失明，看不见东西”，如“盲人”，不能辨别颜色的眼疾称“色盲”，还有“雪盲”，“夜盲”等眼疾，青光眼中医称“青盲”。

“盲”字由本义引申指“对事物没有识别能力”，如不识字的成年人称“文盲”；识字教育，扫除文盲称“扫盲”；脱离文盲状态称“脱盲”；没有法律常识的人称“法盲”；认识不清乱来称“盲动”；还有盲从、盲点、盲干、盲区、盲文、盲目、盲流等词。

“盲人”和“忙人”

南京浦口新区有个明发新城。这是个有近十万人的大型社区，真的相当于一个小县城了。社区有位知名人士叫幸明亮。这位高大英俊的小伙子，可惜，父母给了他一副好长相，上帝却没给他一双好眼睛。他出生没几个月，就因高烧不退，以至双目失明，成了个残疾人。父母为安慰自己也为安慰儿子，给他取名幸明亮，祝福他心中明亮。

二十多年过去，幸明亮不负父母期望。他没有成为父母的累赘。他刻苦自学，从一位按摩师成为一名说唱演员、节目主持人、社区调查调解员、法律顾问……他成了知名人士，成了一位盲人的领路人。

事情的经过，是由“盲人”和“忙人”这句不平常的玩笑话引起的。

电视台台长老孙，因腰扭伤，请小幸按摩。在接触中，他发觉小幸能说会唱，学啥像啥，且出口成章。有一次，有位企业老总一直说自己是个“忙人”，连来按摩也是匆匆忙忙。小幸笑道：“你能算忙人？我才是真正盲人呢。”两个谐音词，充分表现了他的机智和乐观。老孙看中了他。将他说的唱的录了下来，请一位导演作评价。这位导演听罢，请求道：“把他交给我吧，这是个好料子，我要将他打磨成艺术品！”

在老孙和导演精心指导下，小幸反复听相声名家和戏曲家的录音，让他听“百家讲坛”的知识讲座，这些丰富了小幸的文化知识，激发了他善模仿的天赋和潜能。几年下来，他的口技和戏曲唱腔，竟能模仿得惟妙惟肖了。

如今，幸明亮已登台表演了。他主持的节目，受到观众的一致好评。观众们看他的节目，不仅仅是艺术享受，更多的是给其他残疾人士带来生活的勇气和信心，也跟许多盲人交上了朋友。

幸明亮出名了，但他没有忘记他所在的社区。他是所在小区的调解员。邻里之间的矛盾他常上门调解。调解的次数多了，他掌握了不少法律知识。他凭借这些知识，成了社区不少人家的法律顾问，上门求教的人络绎不绝，门庭若市。幸明亮真的成了个“忙人”。

máng

氓

小篆

氓

隶书

氓

楷书

到处流浪的群氓

古代的“氓”字，是个左右结构的形声字兼会意字，“民”字是形符，表示与民众百姓有关；左边的“亡”字是声符，读“wáng”；两形合一，指那些离开故土，没有正当职业，四处流浪的游民，所以“氓”字从“民”。

“氓”字为什么用“亡”字作声符呢？因为“亡”字有逃跑、流亡、亡命的意思，所以用“亡”字作声符，来表示逃离故土、到处流浪的人为“氓”。

有人根据金文“民”字的字形分析，这“民”字是象形字，字形像一只眼睛被一支箭射穿或被尖锐的物体刺瞎的形状，指俘虏、奴隶等没有社会地位、受奴役的人。正因为此，才用来作“氓”字的形符，表示平民百姓。

“氓”字是个多音字，读作“máng”时，本义指“离开故土到处流浪的人”。专指外来的老百姓。

“氓”字由“外来百姓”这层意思，引申指“专干坏事、不务正业、违法乱纪的人”，这就是人们口头上常说的“流氓”，这种人为非作歹；还专指调戏妇女等恶劣行为，这就是“耍流氓”。

“氓”读作“méng”时，在古代泛指百姓，“群氓”是古代统治者对百姓的蔑称。

“愚氓”是书面语，指愚蠢的人。

“老刘忙”和“老流氓”

在汉字中，形声字占百分之八十以上。在众多的形声字中，由于声符相同，所以读起来是同一个声调，听起来就容易混淆，往往会出差错、引起误会，甚至闹出笑话。

就“氓”字来说吧，与它同音的有“芒”“忙”“茫”“盲”“牤”“邙”“杧”……不下八九个。若是不明白词义，光用耳朵听，还真容易搞错。

江苏一家出版社办公室主任老刘，年已五十开外，是位爱说爱笑、乐观豁达的人。他的办公室在出版社大门口，进进出出的人都爱跟他打个招呼。社长老严每次路过，都忘不了对老刘说声：“老刘，你忙！”

按理说，这句问候语没什么值得大惊小怪的，但新来的女编辑刘玲芳却起了疑心：出版社领导，为什么总是骂这位老员工“老流氓”？她更奇怪：这位老同志怎么能容忍人家骂他，不予以回击呢？

这天，她终于忍不住了，小声地问老刘：“刘主任，严社长为什么总是骂你呀？”

老刘一头雾水：“骂我什么呀？”

小刘吞吞吐吐地说：“他……常骂你老流氓。”

老刘一听，转而一想，不由拍掌大笑：“哎呀呀，他是跟我打招呼哪他说的是‘老刘你忙’。他把‘你’字说轻了，听起来成了老流氓。他说的是‘忙碌’之‘忙’，而非‘流氓’之‘氓’。误会啦！误会啦！”

小刘一听，脸红了，连忙向老刘道歉：“刘主任，不好意思！不好意思！我真的误会了。”

老刘哈哈地笑着说：“没关系。但我要提醒严社长，下次碰到你，千万不能说小刘忙。一定要多说两个字，小刘，你忙哪！”

小型食肉动物——猫

māo

猫

小篆的“猫”字是个左右结构的形声字兼会意字，左边的“豸”字读“zhì”，作形符。这个字在甲骨文、金文及小篆中都是象形字，字形就像团头、长脊、修尾的猫形。“豸”的本义指“猫”。

“豸”字作偏旁时有的写作“犭”，也称“反犬旁”；“猫”字右边的“苗”读“miáo”，作声符兼会意；“反犬旁”与“苗”字相组合，指小型食肉动物“猫”，因指的是小型动物，所以古人用“反犬旁”作“猫”字的形符。

古人为什么用“苗”字作“猫”字的声符呢?

这里可能有两个原因。一是猫儿的叫声与“苗”音相同，所以古人用“苗”字做声符；其次，因“苗”是指庄家幼苗，幼苗属幼小，小型。而猫在动物中体型属小的一类，所以古人用“苗”字作“猫”字的声符。

楷书的字形由小篆演变而来，写作“貓”，后简化为“猫”。

“猫”字的本义指“小型哺乳动物、行动敏捷、能捕鼠的猫”，如家猫、野猫。猫头鹰、狸猫、山猫、熊猫。

“猫”字由本义引申指“躲藏”，因猫儿白天常躲着睡觉，故有“躲藏”之义，如猫在家里不出来。

因“猫”常弯着身子，故常用来指“弯曲”，如他猫腰钻了过去。

小篆

猫

隶书

猫

楷书

“猫”迎落花戏

猫属猫科肉食动物，他和大型猫科动物老虎、豹是“亲戚”，同属猫科，民间故事常把猫说成是虎的“师傅”。人类养猫已有数千年历史。那时养猫倒不是因其温顺可爱当宠物，而是因为它能捕鼠。自古以来，人们对猫是十分友善重视的，古埃及人把猫奉作神明，法律规定：杀猫者偿命。

猫既然重要，但在我国古代诗词中却很少写到猫，对联中更是少见。古人认为猫不宜入诗，其实，以猫入联的对偶句，写得好的也是十分动人的。清代诗人、大学者袁牧在《随园诗话》中提到，“安庆诗人，以‘二村’为最。一李啸村，一鲁星村”。这两个都是清代怀宁人。

鲁星村诗画俱佳，在当时已负盛名，可与扬州八怪齐名。他写的一副对联很有意味：

猫迎落花戏
鱼负小萍移

短短十个字，上联描绘了暮春时节一只猫儿在百花丛中，和一片片飘落下来的花瓣儿嬉戏，这种小动物自我玩耍的情景，下联与上联相对应，小鱼儿在水池中推着浮萍移动。这短短十个字，充满了诗情画意和生活情趣，袁牧对此十分欣赏，袁牧的妹妹袁抒也在对联中写到猫：

画阁偏闻雏燕语
乱书常被懒猫眠

这十四个字，写初春时节画阁梁上燕子垒了窝，小燕子呢喃地叫着；书房里，猫儿在乱书堆里睡着了。上下联诗意浓郁，情趣盎然。

唐朝有位诗人写了首咏猫诗，其中有两句尤为传神：“尽日觅不得，有时还自来。”养过猫的人都有这番经历。猫儿很懒，不知它躲在哪个角落睡着了，怎么也找不到它，当你忘了找它时，它却不知从何处冒了出来，呲牙咧嘴地打着哈欠。

动物皮上的毛

máo

毛

金文

小篆

毛

隶书

毛

楷书

古代的“毛”字是个象形字，一看就知道，像人或动物身上的毛发，有的还像鸟儿身上的羽毛，所以“毛”的本义是指“人和动物身上的毛发”。

动物皮上所生的毛，是生命整体的一部分，如果毛的颜色有变或毛脱落了，说明这动物有毛病了。“毛病”中的“毛”就是指牲畜身上的毛颜色有问题，后来引申为“缺点、疾病”的。

宋代有个叫徐咸的人，他擅长相马，他可以根据马的毛的形状来诊断马的毛病。他常把马皮上的毛吹开，去寻找小毛病，这就是“吹毛求疵”的来历。

“毛”还引申出“细小、微小”的意思，形容雨下得很小，称为“毛毛雨”；人身体上细小的血管称为“毛细血管”；大人们常常称呼孩子“小毛孩”。

没有加工过的东西也用“毛”来修饰，这些半成品称为“毛坯”。“毛手毛脚”“毛躁”中的“毛”指动作不细心。

口语中还有“把人惹毛了”的说法，意思是惹火了。

“一毛不拔”的“毛”原来指的是人身上的汗毛，因其细微，连这么细微的东西都舍不得拿出来，后来用这个成语来比喻自私、吝啬的人。

“毛”是一个姓氏。“毛遂自荐”这一故事的主人公就姓“毛”。

反手毛

“毛”字是个姓。若说到中国历代姓毛的名人，当数毛泽东了。

毛泽东是位革命家、思想家、军事家、书法家、诗人……他博览群书，博古通今，是位大学问家，他精通中国古诗词、古汉语，对汉字的理解更是博大精深。

这里讲段小故事。1945年，抗日战争胜利后，毛泽东赴重庆与蒋介石谈判。有一天，毛泽东应邀为文艺界人士演讲。演讲后，有记者问毛泽东：“如果谈判失败，国共开战，毛先生有没有信心战胜蒋先生？”

毛泽东妙借蒋介石和自己的姓氏作回答：“蒋先生的‘蒋’字是将军的‘将’字头上加一棵草，他只不过是个草头将军。我的‘毛’字可不是‘毛手毛脚’的‘毛’，而是一个‘反手毛’。”

这句话的意思是战胜蒋介石易如反掌。

细细品味，将“毛”说成“反手毛”，既形象生动，又充满力量，真是妙极了。

雁过拔毛

máo

矛

锐利的直刺兵器——矛

金文的“矛”字，是个上下结构的象形字，上面的字形像尖锐的矛头；下面是长柄。小篆的字形由金文繁化而来。长柄的顶端有圈，用来系缨毛，这就是后来所说的“红缨枪”。

《现代汉语词典》对红缨枪的解释是：旧式兵器，在长柄的一端装有尖锐的金属枪头，枪头和柄相连的部分装饰着红樱。依据以上解释：“红缨枪”即是“长矛”。

楷书的字形由小篆演变而来，写作“矛”。

“矛”字的本义指“一种锐利的直刺的武器”。“矛”的尖端称“矛头”，“矛头”也用来比喻批评、攻击的方向。

人们常用的词是“矛盾”。“矛”和“盾”是古代两种作用不同的武器。古代传说，有一个人卖“矛和盾”。夸他的“盾”最坚固，什么东西也戳不破；又夸他的矛最锐利，什么东西都能刺进去。旁人问他：“拿你的矛来刺你的盾怎么样？”这人没法回答了。此传说见于《韩非子•难一》。后来人们将“矛盾”连用，比喻言语和行动自相抵触的现象，也泛指事物互相抵触或排斥。

“矛”字也作姓氏用。

金文

小篆

矛
隶书

矛
楷书

“矛”和“矛盾”

“矛”字作名词用，指古代一种兵器，在长杆的一端装有青铜或铁制的枪头，如长矛。

“矛”字组合的词汇很少，但“矛盾”一词却使用很广，这既是个哲学名词，也是人们常说的口头语，就像“矛盾”的含义一样，这一词无处不在，无处不用，无人不知。

“矛盾”一词，典出《韩非子•难一》。全文如下：

楚人有鬻（yù）楯（即盾）与矛者，誉之曰：“吾楯之坚，物莫能陷也。”又誉其矛曰：“吾矛之利，于物无不陷也。”或曰：“‘以子之矛，陷子之楯，何如？其人弗能应也。

故事大意是：楚国有个卖盾和矛的人，为吹嘘自己的盾如何坚固，就说他所卖的盾，无论什么尖锐的东西都不能将它刺破。为了吹虚他所卖的矛如何锋锐，就说他所卖的矛，无论如何坚固的东西，它都能刺穿。有人在旁边听了，就说：“那就用你的矛刺你的盾，好吗？”这位卖矛和盾的楚国人无言以对。

后来，人们就把这个故事中提到的“矛”和“盾”这两个字连用，组成“矛盾”一词，用来比喻两者相互抵触，互不相容。用“以子之矛，攻子之盾”这种观点和方法，来驳斥对方，指出对方的荒谬所在。

这篇著名的寓言，是战国时期的韩国人韩非所作。

韩非是战国末期法家思想的集大成者。他是贵族出身，与当时的秦国首相李斯同为荀况的弟子。他曾多次上书，建议韩国国君变法图强，但未被采纳，于是他发愤著书立说。后来秦王（即秦始皇）读了他的文章，赞叹不已，设法将他召为己用，但遭李斯等人陷害，被秦王投入狱中，自杀身亡。

韩非死后，他的著作被人编辑为《韩非子》一书，共二十二卷，五十五篇，约十万字。文章议论透彻，言词锋锐犀利，其中运用了大量的历史材料和寓言故事，论证有据有点，推论切中要害，语言形象生动，想象丰富多采，是我国文学宝库和思想宝库中极为珍贵的文化遗产。

máo

茅

金文

小篆

茅

隶书

茅

楷书

茎长叶子尖如矛的茅草

“茅”字是个上下结构的形声字兼会意字，上面的“草字头”指“草”，作形符，表示跟“草”有关；“茅”字的下面是“矛”字，读“máo”，作声符并会意。

“草”与“矛”组合，指“一种茎很长，叶子尖如矛的尖端的草”。因指的是叶子尖的草，这跟“草”有关，所以古人用“草”字作“茅”字的形符。

古人为什么用“矛”字作“茅”字的声符呢？

金文和小篆的“矛”字都是象形字，字形像人们熟悉的古代兵器“长矛”。上面是锐利的矛头，用铜铁制成；下有长柄，是一种直刺的兵器。因其顶端尖锐，是用来杀敌的。柄长可远距离进攻敌人。而茅草茎长，叶子的顶端尖如矛头，所以古人用“矛”字作“茅”字的声符并会意。

楷书的字形由小篆演变而来，写作“茅”。

“茅”字的本义为“茅草”，如“白茅”是草本植物，春季先开花，后生叶子，花穗上密生白毛，根茎可以吃，也可入药，叶子可以编蓑衣，盖房子，也叫“茅”。用茅草盖的简易厕所称“茅房”，也称“茅坑”，或称“茅厕”；用茅草、芦苇、稻草等搭建的屋称“茅屋”，也称“茅庐”“茅舍”。

“前茅”在古代指先头部队，后称考试成绩优秀，名次在前者为“名列前茅”；“初出茅庐”指初露锋芒，也比喻初次历事，缺乏经验，这个典故跟刘备三请诸葛亮的“三顾茅庐”有关，因当时诸葛亮隐居在今日湖北襄阳西隆中的“茅庐”中；“茅塞顿开”，指心里像被茅草堵塞着，现在忽然打开了思路，形容一下子解开了心中疑团，对事理能理解和领会了。

“茅”与“茅盾”

“茅”字在《现代汉语词典》中的解释很简单：属名词，意为“白茅”；也作姓氏用。

“白茅”，泛指白茅一类的植物，也就是人们所熟知的茅草。这种草，每年春季先开花，后生叶子，花穗上长着密密的白毛，根茎可吃，也可入药，其叶子可以编成蓑衣，将茅草编织后盖在屋顶可挡风雨，这就是茅屋、茅舍。大诗人杜甫所写的《茅屋为秋风所破歌》中写的，就是这种“茅屋”。

“茅”字与“矛盾”的“矛”字同音，差别就在于“茅”字多了个草字头，因它指的是茅草，而“矛”字是象形字，字形像尖端有锐利矛头的长柄武器。“茅”字是个会意字，因茅的茎根长，叶子顶端尖如矛头，所以才用“矛”字作声符并会意。

用“矛”和“盾”组合成“矛盾”一词有其出典，指言语和行为互不一致，相互对立，变成了哲学名词。若用“茅”和“盾”组合成“茅盾”一词，那就不明所以了。但有人却以此为笔名，他就是近代著名作家茅盾先生。茅盾先生原名沈雁冰，1896年生，1981年去世。他是浙江桐乡人，笔名“茅盾”。

茅盾先生年轻时曾积极参加五四运动，后来参与创办文学研究会，并主编《小说月报》。他曾同鲁迅先生一起，从事革命文化工作，组织中国左翼作家联盟。他从1916年开始从事文学活动，先后创作了《子夜》《蚀》《春蚕》《林家铺子》等大量优秀文学作品，还撰写了很多文艺论著，翻译了许多外国作品。

在他从事文学创作时，心中对现实充满了不满与矛盾。于是他给自己取了个别名叫“矛盾”。

当时茅盾生活在上海，那时的上海，一片白色恐怖，“矛盾”这个姓氏很惹眼，容易引起反动派的注意，作品在审查时难以过关。有位朋友建议他在“矛”字上加个草字头改成“茅”，这茅草一伪装就成了正儿八经的姓氏，与“盾”组合成“茅盾”，那就省掉不少麻烦。于是，沈雁冰的笔名就改成了“茅盾”。

mǎo

卯

甲骨文

金文

小篆

隶书

卯

楷书

打开的两扇门——卯

甲骨文的“卯”字是个象形字，字形像牲口一剖为二的样子。但也有学者认为，古代的“卯”字是象形字，但不是像牲口一剖为二，而是像打开的两扇门。金文的字形与甲骨文相似。小篆的字形略有变化。

楷书的字形由小篆演变而来，隶变后写作“卯”。

“卯”字的本义指“开门”。

《说文解字》对“卯”字的解释是：“冒也，二月万物冒天而出，象开门之形。”

二月正是百草出芽的时候，芽从地里冒出来。因“卯”与“冒”同音，古人解释字义时，常用同音字来解释字义，所以将“卯”与“冒”联系在一起，有人还将“茂盛”的“茂”字也牵连进来，这样，将“卯”字解释为开门之形就更有说服力了。因为“冒出”“茂盛”都与“开门”搭得上关系了。

“卯”字作地支第四位。干支纪时，“卯时”是十二时辰之一，大约是早晨五时到七时这段时间。这时正是人们起床后开门出来之时。古代官署衙门于卯时开始办公，公务人员按时上班，到位后要签名报到，表示没有缺勤，这叫“画卯”，后来称点名为“点卯”，应名为“应卯”。

“卯”字也作姓氏用。

上班点个“卯”

在政府机关部门、企业和事业单位或私营公司，凡员工上班时，都有签到的制度，对迟到或缺勤者都有相应的处罚。从前都由相关负责人现场监督，或签名、或登记。后来有了专门的打卡机。为防作弊，打卡机能识别指纹，但现在不行了，因为假指纹已大行其道了。人们不得不承认，上班迟到与否，全凭各人的责任心，否则，只是去“点个卯”而已。

“点卯”源自北京方言，表示到那儿报到一下，看上一眼，露个脸儿，含有应付差事的意思。这个词，已成为民间俗语，广为人知。

追根求源，“点卯”跟中国古代地支计时的方法有关。古人把一天分为十二时辰，用十二地支指代，依次是子、丑、寅、卯、辰、巳、午、未、申、酉、戌、亥。“子时”指晚上十一点到凌晨一点，每个时辰对应两小时，依此类推。“卯时”是凌晨五点到七点这段时间。

按史书记载，若以明朝的早朝为例，内阁大臣们必须在凌晨一点多钟起床，三点钟赶到皇宫午门外等候。当城楼钟鼓敲响时，大臣们排好队伍，到五点钟钟声再次响起，宫门打开，官员们依次进宫，走向大殿，路旁有负责纠察的御史监督，谁有不规范的行为，都记录在案，听候处理。所以此时没人敢随便讲话或咳嗽吐痰。当皇帝临朝时，众大臣一跪三叩首，三呼“万岁”，然后分列两旁，依次向皇帝报告政务，皇帝或提出问题，或作出相关的答复。

由此可见，“卯时”是宫门打开的时间，在卯时，皇帝接见大臣并处理国家大事，所以称之为“点卯”。而那些不需要上朝的官员，也将卯时作为开始办公务的时间，每到卯时，就先查点人数，这叫“点卯”。凡点到姓名的官员或文书，都要大声答应，这叫“应卯”。点名册称“卯册”。如果需要签到，这叫“画卯”。后来“点卯”制度变成了一种形式，许多官员只是去报到一下，敷衍了事，于是“点卯”也就成了应付差事的代名词。近千年过去了，如今这个词儿仍然有着顽强的生命力。

mào

冒

甲骨文

金 文

小 篆

冒
隶 书

冒
楷 书

帽子戴在目之上——冒

金文的“冒”字是个上下结构的会意字，上面的字形像帽子。远古时代的人“穴居而野处，衣毛而帽皮”。帽子大多用兽皮做的。这帽子像简易的皮帽，写作“冃”，里面的两横跟两边不连接，读“mào”，本义为“原始的帽子”。由于“冃”字只作偏旁用，后来便加“目”字写作“冒”来表示帽子。

“冒”字指戴在“目”字即眼睛上部，也就是戴在头上的帽子，本义指“帽子”。后来“冒”字引申指“覆盖、顶着，冒着危险及冒充、冒犯，向上升冒气以及冒天下之大不韪（wěi）”诸多引申义，还用于凶奴首领冒顿（dú）之名。古人为分散字义，又在“冒”字旁边加“巾”字写作“帽”，专门用来指“帽子”。

综上所述，可见“冒”字的本义指“帽子”。因为帽子戴在头上，由此引申指“顶着、不顾”，如冲犯、得罪称“冒犯”，超过或突出及露出苗头称“冒尖”，冒尖、露出苗头或指文章的开头部分称“冒头”，不顾危险称“冒险”。

“冒”字由“顶着”引申指“鲁莽、不慎重”，如超过主客观条件盲目地进行称“冒进”，鲁莽、轻率称“冒失”，说话做事不了解情况就轻率地行动称“冒昧（mèi）”。

“冒”字由“冒昧”又引申指“用假的充真的”，如冒充、冒领、冒牌货、假冒伪劣产品、冒名顶替等词语。

“冒”字又引申指“透出”，如冒汗、冒火、冒烟、冒泡泡、冒热气。

“冒”字是个多音字，读“mò”时，指西汉初年匈奴族的君主“冒顿”。

勤问多看少“冒”险

这天，无锡东门中学的杨老师，讲解完课文中的关键字“冒”字，请同学们发挥自己的想象能力和理解能力，谈自己对“冒”字的理解和感受。

第一个走上讲台的又是金一鸣，他说了件冒冒失失学游泳的故事：“小学三年级时，老师带我们到游泳池学游泳，我好激动啊！因为太激动，把游泳裤忘在课桌里了，我赶紧回去拿。等我回到游泳池，只剩下五六分钟时间就要结束了。我到衣帽间换上游泳裤，冲向游泳池，伸开双臂，“扑通”一声，扑向水面。哎呀，我只觉得肚皮麻辣辣的，疼得钻心，我还以为水里有电呢！等我站起来才知道，我肚皮拍打水面，就像面孔挨了一巴掌一样疼。正当我回过神来，准备扎猛子学潜泳时，忽听一阵哨子响，一位身高马大的救生员来到池边，伸手像老鹰抓小鸡，一把将我从水里拎上来，训斥我：“你穿着脏衣服，怎么能下水？”唉，我心急慌忙，忘了脱短袖衬衫，被他押出场外。就这样，我下水不到一分钟就算结束啦。后来同学们就喊我“冒失鬼”。我自己也承认，我冒冒失失，大出洋相。”

杨莎莉走上讲台，也讲了件亲身经历的事。

“刚刚金一鸣讲他当了一次冒失鬼，很搞笑，但他没把对‘冒’字的体会讲出来。今年暑假我到外婆家，有一天，外婆叫我拎壶水，送到果园给两个舅舅喝。我想抄近路，从果园后门进去，不料迷了路，我又不好意思问人家，只顾往前走。哪晓得，果园后门有条狗，我没仔细看，差点咬我一口。现在我想想，好险哪，万一被狗咬着，还得防狂犬病，要打针哩！我这冒险多么不值得啊，这冒险的“冒”字告诉我们，上面‘冃’字就像说话的“曰”字，下面的“目”字表示用眼睛看。我若是嘴巴勤点儿，多问问别人，眼睛多看看，不就知道该怎么走了吗？所以“冒”字告诉我，多问、多看可以更安全，不冒险。”

杨莎莉讲完，同学们纷纷鼓掌，以示赞同与鼓励。

戴在头上的帽子

màо

帽

帽
小篆

帽
隶书

帽
楷书

“帽”字是个左右结构的形声字兼会意字，左边的“巾”字作形符，表示跟布帛有关；“帽”字右边的“冒”字读“mào”，作声符并会意。“巾”字与“冒”字组合，指“用布做的戴在头上的帽子”。因是指用布做的戴在头上的帽子，这跟布帛有关，所以古人用“巾”字作“冒”字的形符。

古人为什么用“冒”字作“帽”字的声符呢？

金文的“冒”字是个会意字，上面是帽子的形状，下面是“目”字，指头上戴着帽子之义。从这个意义上讲，“冒”字是“帽”字的本字，是最早的“帽”字，所以古人用“冒”字作“帽”字的声符并会意。

楷书的字形由小篆演变而来，写作“帽”。

“帽”字的本义指“帽子”。如帽子前面或四周突出的部分称“帽檐”，帽子前面形似舌头的檐称“帽舌”，安在制服帽子前面正中的徽章称“帽徽”，帽子两旁护耳朵的部分称“帽耳”。还有军帽、草帽、礼帽、雨帽、小帽、毡帽、鸭舌帽、瓜皮帽、乌纱帽、风帽、睡帽、脱帽等词。“帽”字由本义引申指“样子或作用类似于帽子的东西”，如螺丝帽、笔帽。钉子顶端部分承受锤击或旋转的称“钉帽”。

戴高“帽”子

“帽子”也是名词，指戴在头上保暖，防雨、防晒或做装饰的用品。也借指罪名或坏名义。说到“帽”字，人们往往会想到“戴高帽子”或“乌纱帽”这类词。什么叫“戴高帽子”？词典的解释是：比喻对人说恭维的话。

“戴高帽子”的典故，出自唐代李延寿所著的《北史•熊安生传》中的一段故事。

中国在三国之后，有段魏晋南北朝时期，这三百多年一直处于分裂状态，到了隋朝才完成统一。期间有个北齐王朝。北齐有位儒士名叫宗道晖，此人有点学问，自我感觉特好，常傲视别人。用今日的眼光看，他有艺术大家的范儿，很前卫，很时尚，喜欢领潮流，爱打扮，特别爱穿奇装异服，平时常戴一顶高高的帽子，脚上穿一双高高的木屐，以显示自己高大英俊，高人一等。

每当他谒见政府官员时，总是先举起双手，然后将头仰得高高的，接着跪拜在地，一直把头叩到木屐上，以此表示对上司的崇敬虔诚，他这样讨好上司，有点出格，以致到了十分肉麻、令人不耻的地步。后来，人们就把吹捧别人，恭维别人的行为称作给人“戴高帽子”。把自以为是，妄自尊大的人称为“好戴高帽”。

溜须拍马，好给人戴高帽子这是常有的事。民间有个笑话故事。有两位学生，科考中榜，两人都被朝廷外放当官，二人离京前去向恩师辞行。恩师谆谆教导：“当今世风日下，为官之道，谦虚谨慎，不要好戴高帽，以免误了前程。”有一学生唯唯喏喏，连声称是，感谢恩师的教导，说道：“您说的是至理名言，如今能有几人，能像恩师这样高风亮节，怀谨握瑜？先生高瞻远瞩，学生一定铭记于心。”老师听了，乐得哈哈大笑。

两人告辞老师，出得门来，都忍不住笑出声来。其中一位说：“你刚刚给恩师戴的高帽子真好啊，难怪他老人家乐得合不拢嘴啊。”

mào

貌

人的面容——貌

小篆的“貌”字是个左右结构的形声字兼字意字。左边的“豸”字读“bào”，是“豹”字简省的写法，按“豹”字音读，在这儿作声符并会意；右边原先写作“页”，作形符，表示人的头部。这两个字形组合在一起写作“皃”，表示人的面容。因人的面容在头部，所以古人用“页”字作“豹”字的形符。

隶变后的楷书，字形有了较大的变化。左边仍是“豹”字简省的“豸”字作声符，但右边的“页”字改为“皃”字作形符。“豸”字与“皃”字组合，指人的面容。

甲骨文的“皃”字是个象形字。上面是个人的面孔，有束发之形。突出人面部的轮廓形。下面是个“人”字，指人的身段。本义指人的“容貌”。应该说，“皃”字是“貌”字的本字，是最早的“貌”字。隶变后楷书写作“皃”。

后因“皃”字作偏旁用，古人另加声符“豸”写作“貌”。古人为什么用“豸”字作“貌”字的声符呢？

“貌”字中的“豸”字是“豹”字简省的写法。“豹”身上有显著花纹，而人的面容也是显而易见的，所以古人用“豹”字作“貌”字的声符并会意。

“貌”字的本义指“人的面容”，如容貌、相貌、美貌、面貌、品貌、笑貌、以貌取人、其貌不扬、音容笑貌、貌不惊人等词语；“貌”字由本义引申指“外表的神态、形象”，如貌似公正、貌合神离、外貌、体貌特征、礼貌、风貌、概貌、全貌等词语。

貌 小篆

貌 隶书

貌 楷书

以"貌"取人

中国有句古话：人不可貌相，海水不可斗量。这句话的意思是，看一个人不可光看他的容貌，就像海水不可以用斗去测量一样。真正认识一个人，是要经过长期观察，心灵沟通，才能真正有所了解。若以貌取人，往往看错人，以致丢失人才，或上当受骗，造成后患。

以貌取人，属低级错误，就连圣人孔老夫子也难免俗，这对后世颇有教育意义。

在春秋末期的鲁国武城，也就是今日山东武城或费县一带，有个比孔子晚生三十多年的人名叫澹台灭明。此人天生异相，丑得出奇，据史记载，他长得"额低口窄，鼻梁低矮，不具有大器形貌"。此人去拜孔子为师时，孔子见他其貌不扬便，对他不冷不热，不太热情。孔子是大教育家，他说过"有教无类"这句名言。不能因澹台灭明容貌丑而不收他为学生。所以孔子收下了他，但显得很冷淡。

澹台灭明是个很有才华的人，也很有自尊心。他对孔子以貌取人的态度很是失望，过了些日子，便不声不响地离开了孔子，去寻求自学之路了。

孔并不在意澹台灭明半途退学的事，而他的学生子游却十分赏识澹台灭明。子游回曲阜看望孔子时借机会赞美澹台灭明的高尚品质和学识才干，但孔子不为所动，并没有认识到自己的失察和失误。

澹台灭明从孔子门下出走后，自学成长，南下吴楚等地游历讲学。他胸怀宽广，并不因孔子以貌取人而耿耿于怀。他仍以孔子为师，广收门徒，传播儒家学说，倡导孔子"诲人不倦""有教无类"的教育思想；推广孔子"学而不厌""不耻下问"的学习态度；实践孔子"学而时习之""温故而知新"的学习方法。澹台灭明后来在他讲学的南昌百花洲畔去世，当地人为了纪念他，在南昌城内建有"进贤门"，东南有"进贤县"，县内有"栖贤山"，这些地方都因澹台灭明而得名。

孔子毕竟是圣人、贤人。当他得知澹台灭明的事迹后，幡然悔悟，不无自责地说："以貌取人乎？失之子羽！"子羽是澹台灭明的字。孔子用这句话表达了自己的忏悔和歉意。在孔子七十二贤中，澹台灭明名列前茅。

méi

眉

甲骨文

金文

小篆

眉

隶书

眉

楷书

眼眶上缘的眉毛

甲骨文的“眉”字是个象形字，字形像眼睛上方长着略有弯曲的眉毛，字形指“眉毛”。金文的字形更具体化，下面的眼睛更明显，上面的眉毛略有弯曲，两者平分秋色，似乎削弱了眉毛这一主体。

小篆的字形由金文演变而来，右下方是“目”字，左上方是弯曲的眉毛，有些接近于今日的“眉”字了。隶变后的楷书写作“眉”。

“眉”字的本义指“眼眶上缘的毛”，如眉毛、眉毛和眼睫毛称“眉捷”，比喻近在眼前，如迫在眉捷；女子的秀眉称“娥眉”；发愁时皱着的眉毛称“愁眉”；较直末端微微翘起的眉毛称“剑眉”；黑而密的眉毛称“浓眉”；胡须和眉毛称“须眉”，这专指男子，故有“巾帼不让须眉”；女子细长的眉毛也称“柳眉”，也叫“柳叶眉”；怒目而视的样子称“横眉”，眉毛末尾部分称“眉梢”；两眉之间的地方称“眉心”；眉毛和眼睛称“眉眼”。

“眉”字由本义引申指“书页上部空白的地方”，如书页上端的空白部分称“书眉”，书页或文稿上端写的批语或注释称“眉批”，报刊等排在正式标题上方的提示性标题称“眉题”。

人们常把事情的条理称作“眉目”，如事情的解决有了眉目。

举案齐眉

举案齐眉，是一则成语故事。说的是东汉初年，陕风平陵有位隐士名叫梁鸿。此人家境贫寒，但他认真苦读，很有学问。他不愿做官，隐居山林。他的妻子孟光长得虽不出众，但手脚勤快，对待丈夫恩爱有加，每日送饭时，把托盘举到和眉毛相齐，以示对丈夫尊敬。后来人们以此形容夫妻互敬。

这里说的测字故事，这与成语相关。

却说民国年间，南京夫子庙文德桥头有位测字名家叫胡铁嘴。他有位好友叫陆文才，是大石坝街茶叶店老板。常有人托陆文才找胡铁嘴测字。这天陆文才来关照胡铁嘴，明天有对老夫妻从六合乡下来，求测女儿婚事。一个月前，两对新人已谈妥，但两位老人却心存疑虑。陆文才叮嘱他要多说好话。胡铁嘴听得不耐烦：“啊哟，多大点事，叨了大半天！”

第二天上午，两位老人带着位十七八岁的姑娘来到测字摊。姑娘长得水灵灵的，一头乌发，两条长辫子挂在胸前，更显得妩媚动人。

老汉指指女儿，说：“我们就这一个独养女儿，想测测她的婚姻大事啊。”胡铁嘴问：“测什么字？我以字说事。”

老汉答道：“我种田又姓田，就测田字吧。”

胡铁嘴帮他写了个“田”字，灵机一动，将“田”字两边加长变成“用”字，说：“你要测‘田’字，可姑娘这两条长辫子挂在胸前，她心里要测的是‘用’字。今日是测她的婚事，得按她的心意办。”

老汉点头称是。胡铁嘴指着“用”字说：“‘用’字拆开是‘一月’二字。不过这‘一’字是竖着的，就像乡下用的筹码。一个月前已有人上门提亲了，你今日还来测字干什么？是想考考我吗？”

胡铁嘴这一招很灵验。老夫妻俩又惊又喜，忙打招呼：“不是这意思。是想问问这婚事好吗？”

这时姑娘听了很高兴，头左右一甩，将两条长辫子盘在额头上。胡铁嘴拍手叫道：“这样一来，你今日该测的是‘眉’字。两条辫字盘在眼睛上，这就叫举案齐眉啊。”接着，胡铁嘴给两位老人讲起了成语故事。

méi

梅

金文

小篆

梅

隶书

梅

楷书

早春开花的梅树

古代的“梅”字，是个左右结构的形声字，左边的“木”字是形符，表示与树木有关；右边曾写作“某”字作声符，后又改作“每”字作声符，读“měi”。在“梅”字的发展过程中，除了写作“楳”字，还曾写作“槑”字，后都作异体字废除。

“梅”字的本义指“一种落叶乔木”，这种树在初春时开花，果实像球形，味道较酸，可食用。

“梅”字除了指梅树，也指梅树开的花，如梅花、蜡梅花。因梅树耐寒，当别的树仍在枯黄凋零时，梅树已经开花了，所以人们常常踏雪赏梅。正因如此，所以人们将梅与松、竹称为“岁寒三友”，加以歌颂。

“梅”字也指梅树的果实，称为“梅子”。

梅雨，是指黄梅天时下的雨，此时正是初夏时节，江淮流域的雨水较多，此时正是梅子黄熟，所以以此作为季节名称。

“梅”字也作姓氏用。

宋·杜衍《停云馆法帖》

陈·陈叔怀《淳化阁帖》

宋·米芾《草书帖》

恩爱夫妻作佳联——梅

明朝成化年间，常熟城里有位书生名叫松鹤年，此人文才出众，长相英俊。与松家相隔不远的梅家，有位小姐叫梅成香。经媒人说合，父母同意，两人结为伉俪。

梅小姐也是位才女，这真是才子配才女，天之作合。婚后两人琴瑟相调，举案齐眉，相亲相爱。

这年初春，两人冒着风雪，去苏州赏梅。松鹤年见园里树木虽然繁茂，但唯有松梅常绿，便对成香说：“今日游园，我俩作副对联，以留纪念，如何？”

成香说：“你出上联，看我能否对出下联。”

鹤年吟道：“松木公，梅木母，公母两木成林。”

成香听了，笑笑，随口吟道：“岵山古，岑山今，古今二山并出。”

夫妇俩这一唱一和，引来游人的轰动，大家纷纷喝彩。有心人赶紧找笔记了下来。

这上联拆“松”字为“木”“公”二字，“梅”字为“木”“母”二字，有“公”有“母”，两个“木”字又合成了“林”字。

下联的“岵”字，义为草木之山，可拆为“山”字与“古”字，“岑”字义为虽然不大，但很高的山，在这儿拆成“山”“今”二字，有“古”有“今”，两个“山”字又合为“出”字。上下联有拆有合，对仗齐整，含义深刻，实为一副佳联，所以一直流传至今。

女子当媒人

méi

媒

小篆的“媒”字是个左右结构的形声字兼会意字，左边的女字旁作形符，表示跟女子有关；右边的“某”字作声符并会意，这个字读“měi”。这两个字形组合在一起，指“媒人”。旧时代的媒人多为女性，所以“媒”字以“女”字作形符。

古人为什么用“某”字作“媒”字的声符呢？

在甲骨文和金文及小篆中，“某”字是个会意字，上为“甘”，表示甘甜；下为“木”，“木”表示树，树上的果实又甜又酸，这便是甘酸的“梅子”。这“某”字就是最早的“梅”字。后来“某”字借作他用表示不确定的人或事物某某某，所以古人就另造了个“梅”字代替“某”，由此可见，“某”字就是最早的“梅子”。而梅子又酸又甜，酸甜是五味品，是调味之必须品。而“媒”是撮合男女成婚之人，作用如同调味品，所以古人用“某”字作“媒”字的声符并表意。

楷书的字形由小篆演变而来，写作“媒”。

“媒”字的本义为“婚姻介绍人”，如媒人、媒婆、保媒、明媒正娶、说媒、做媒。

“媒”字由本义引申指“起中介作用的”，如使双方发生关系的人或事物称“媒介”交流传播信息的工具称“媒体”，能传播声波、光波或其他电磁波的物质称“媒质”。

小篆

媒

隶书

媒

楷书

古代“媒人”的雅称

“媒人”是口头语，古代“媒人”一词还有许多雅号，不像“媒人”这般平淡，也不像“媒婆”这样粗俗。

最早《诗经•国风•伐柯》中有“伐柯如何？匪斧不克，取妻如何？匪媒不得”。就是说怎样去砍那木头做斧柄呢？没有斧头可不行。怎样才能娶到妻子呢？没有媒人可不行。在《中庸》中也有“执柯以伐柯”的论述，后人便将介绍婚姻的“媒人”称为“伐柯”或“伐柯人”。

《孟子•滕文公》中有“不待父母之命，媒妁之言，钻穴隙相窥，逾墙相从，则父母国人皆贱之”。汤显祖《还魂记•婚走》中有“秀才，可记的古书云：必待父母之命，媒妁之言”。

《晋书•索紞传》中有个故事，说的是晋代有个人叫索紞（dǎn），他善于解梦。一天有位名叫令狐策的朋友做了个梦，梦见自己站在结冰的河面上，与冰下一个人说话，他不知是何征兆，请索紞解梦。索紞说：“冰上为阳，冰下为阴，此乃阴阳事也。君在冰上，与冰下人语，为阳语阴，乃媒介事也。”后来令狐策给太守的儿子做媒，且婚事完美，后来将“媒人”又称为“冰人”。

唐小说中有一故事，说的是唐代人韦固，在一个月色明朗的晚上，在城外树下，见一老人，背靠大树，头仰向月亮，从布袋里翻出一本书和一条红绳。他问老人翻阅何书，老人答：“是有关天下婚姻大事的书。”又问红绳何用？老人答道：“以系夫妻之足，不致失散。”原来老人是主管婚姻之神，后将媒人称作“月下老人”，也称“月老”。

唐僖宗时，有位宫女名叫韩翠苹，渴望民间之爱，冒险在红叶上题诗，随御河流出宫外，正巧被一书生拾到。也题诗于红叶，借流水传回宫中，正巧又被翠苹拾到。后来宫中三千宫女放回民间，翠苹与书生结为夫妻，此后人们将“媒人”称为“红叶”。

《西厢记》中的侍女红娘，她撮合崔莺莺与张生结为夫妻，所以媒人又称为“红娘”。

《红楼梦》中提到“保山”一词，指像山一样稳固可靠的人，这种人就是“媒人”，故媒人又称“保山”。

méi

霉

久雨湿热、物品生菌发霉

“霉”字是个上下结构的形声字兼会意字，上面的“雨”字是形符，表示跟下雨有关；下面的“每”字是“梅”字简省的写法，作声符并会意，读“měi”。这两个字形组合在一起，指因久雨湿热，物品生菌而变质。因久雨，所以“霉”字用雨字作声符。

古人为什么用“梅”字简省的写法“每”字作“霉”字的声符呢？因为“梅”字跟江南的黄梅天有关。江南梅子成熟时，也正是天气闷热，细雨绵绵，天气潮湿的时候，此时东西最容易发霉，所以“霉”字用“每”字作声符并会意。

楷书的字形由小篆演变而来，写作“霉”。

“霉”字的本义指“东西因霉菌的作用而变质”，如发霉腐烂称“霉烂”，黄霉雨也称“霉雨”，因生霉菌而变质称“发霉”，有些地方把不吉利也称作“发霉”。

因霉雨使人不舒服，烦闷，人们把遇事不顺，运气不好称“倒霉”；霉烂的气味及有些地区把“倒霉”也称作“霉气”；南方方言中把不愉快的事常构成固定短语称“触霉头”。

霉

小篆

霉

隶书

霉

楷书

“倒霉”和“倒楣”

江南一带，特别是江苏浙江及上海人，把运气不好，碰到窝囊（nang）事儿，或心里受委屈，受到不公正的指责或待遇，或碰到不吉利的事等都称作“倒霉”。这个词，应算作方言，在江浙一带流行很广。

从字面上讲，“倒霉”的“霉”字，很符合这一词义。“霉”字本身有霉菌、霉烂、发霉、霉变的意思。谁喜欢霉烂、霉变呢？碰上衣物发霉或食物霉变，书本霉烂，心里肯定厌烦、懊丧、恼火乃致觉得真不走运，倒霉透了，也就是人们常说的“触霉头”。

“触霉头”好理解，指接触、碰撞到霉烂之类的事。而“倒霉”一词，为什么用“倒”字来组合，而不说“到”霉或别的字呢？据考证，这个词与中国的科举考试制度有关。

中国自隋朝开始实行科举考试制度以后，历经唐朝、宋朝得以发展。明朝也沿袭“科举取士”的制度。当时的读书人，都把科举考试当作进入仕途，荣宗耀祖的途径。而金榜题名实非易事。成千上万读书人家，为了给自家的考生鼓舞士气，讨个吉利，在临考之前，除了烧香拜佛，求神灵保佑之外，还在自家门前空地上，竖起一根高高的旗杆，人们称这根旗杆为“楣”。

“楣”字读“méi”，本义指“门框上的横木”，这就是我们常说的“门楣”。这根旗杆高高地竖在门口，表明这户人家有人赴京赶考。依照当时的规矩，揭榜那天，如果考生榜上有名，这家门前的旗杆可以一直竖着，以示考中。如果这户人家的考生没有考中，那就得把门前称作“楣”的旗杆放倒撤走，这就叫“倒楣”。后来，人们在说到“倒楣”时，因“楣”与“霉”字同音，也有人说成了“倒霉”，“倒楣”与“倒霉”通用了很长一段时间，现在只写作“倒霉”了。其实，从字面上讲，写作“倒霉”更贴切。名落孙山，没有考中，多么令人懊丧啊，这是个不愉快、不吉利的事，怎么不倒霉呢？若是说成“倒楣”，只是表示把棋杆倒下来，那就没有什么内涵了。

肥壮的大野羊——美

měi

美

甲骨文

金文

小篆

美

隶书

美

楷书

“美”是由“羊”和“大”组成的会意字。上面的“羊”可以看成是原始社会男性头上戴着的装饰品，下面的“大”表示两脚张开顶天立地的男子汉，两部分合在一起，指身强力壮的男子。在氏族社会里，以体力劳动为主，所以强壮的男子就是一种“美”。

“美”还可以看成是比较肥大的野羊。原始社会里，生产力比较低下，人们靠采集和捕猎为生，在他们眼中，肥壮的野羊就代表着“美”。

从这两种说法，我们可看出，“美”的本义就是指“漂亮、好看”。

“美”一般用来泛指事物的完整和漂亮，如漂亮的女子被称为“美女”，漂亮的男子被称为“美男子”。

“完美无缺”形容事物各方面都很完备、美好。

“美”除了表示具体事物的美好外，还用来表示抽象意义，如形容一个人心地善良称为“心灵美”，形容一个人品德高尚称为“美德”。美好的事物往往给人愉快的感觉，所以“美”有令人满意的意思，如美酒、物美价廉，美好的感情称“美意”。

“美”有时也作动词使用，当“赞美”讲，如美言几句。使其更漂亮称为“美化”“美容”。

表示满意、得意，称为“美滋滋的”“看你美的”。

倒吊大王八——美

抗日战争那几年，苏北阜宁县一个小镇上，有个叫王老八的乡绅，在家排行老八，人称“八爷”，背地里称他“王八”。他仗着几个哥哥在日本人手下当翻译、当伪县长，便在家乡耀武扬威，仗势欺人。也真是巧合，他既姓王，有排行老八，百姓们骂他“王八”真是再恰当不过了。

这王老八识得几个字，好摆阔，又喜欢故弄风雅，常邀些臭味相投的乡绅到家里吟诗作画，以显示他家是书香门第。这还不算，他用搜刮来的钱财，在小镇上造了一幢小洋楼，还请人设计了个花园，亭台楼阁，水池假山，花草树木，一应俱全。他以为仗着日本人的势，能让他的家族兴旺发达，他们兄弟几个能在这个花园洋房里安享晚年。

这花园洋房造好后，他邀来狐朋狗友，还有县城的一些文人墨客为他捧场。他摆下了十桌酒席，要众人为他家这大花园起个美名，他特别要求，这园名要带个“美”字。诸如美园、王家美园、苏北第一美园……

来了不少客人，一个个只知道吃喝，没一个留下带“美”字的好园名。王八爷很失望。第二天一早王八爷起来，坐在客厅里抽水烟，生闷气。这时小儿子急匆匆跑进来说：“爹，快到门口看呀，大门上挂着个大乌龟，还围着不少人呐！”

王八爷一听，急忙跑到大门外一看，只见一只大乌龟，倒挂在大门的铜环上，正一扭一摆地摆动着。几十个乡民在看着、笑着、议论着。王八爷不知何意，搔着头皮发愣，而知道这意思的人，则乐的笑弯了腰。

读者朋友，你们明白这“倒挂大王八”是什么意思吗？告诉你，这就是王八爷要的“美”字呀。“美”字倒过来，就是“大王八”啊。

比兄姐小的女子——妹

mèi

妹

甲骨文

金文

小篆

妹

隶书

妹

楷书

“妹”字是个左右结构的形声字兼会意字，左边的“女”字作形符，表示跟女性有关；“妹”字右边的“未”字读“wèi”，作声符并会意。“女”字与“未”字组合，指比哥哥和姐姐小的女子。因是指女子，所以古人用“女”字作“妹”字的形符。

古人为什么用“未”字作“妹”字的声符呢？

注意，“妹”字右边是“未”，不是“末”（mò）。“未”字上面一横短；“末”字上面一横长。“未”字有“未来”之义，也有“不”和“不足”之义，表示妹妹的年龄及各方面都不及哥哥和姐姐，所以古人用“未”字作“妹”字的声符并会意。

楷书的字形由小篆直接变来，写作“妹”。

“妹”字的本义指“年龄比哥哥、姐姐小的女子”。如妹妹的丈夫称“妹夫”，同父母及同族同辈而年龄比自己小的称“妹妹”，同父母的称“胞妹”。姑母、舅父、姨母之女，年幼于自己的称“表妹”；弟弟和妹妹及弟弟的妻子称“弟妹”；后于自己跟同一师傅学习的女子称“师妹”；现在也将曾在同一学校读书、年龄或年级比自己低的女子称作“学妹”。

二八佳人多姐妹

一年夏日，苏东坡与佛印和尚及秦少游等数人乘船游西湖。船上备有酒水，几个人边饮酒，边观赏苏提两岸美景。只见荷叶丛中，十几个农家姑娘，撑着小船，坐着木盆一边唱着歌，一边采莲。

苏东坡见此情景，提议道："我等在这人间仙境中，怎能无动于衷？行酒令吧。首句要用花名，次句镶嵌'二八佳人'，并要有承接花名这义，第三句用顶针格，回文转接首句。记住啊。老夫先行令。"

十姐妹，十姐妹，
二八佳人多姐妹，
多姐妹，十姐妹。

首句"十姐妹"是花名。"多姐妹"承接"十姐妹"，"十"字也有"多"之义。这酒令符合规格。佛印和尚接令，吟道：

佛见笑，佛见笑，
二八佳人开口笑，
开口笑，佛见笑。

"佛见笑"是花名。"开口笑"承接"佛见笑"。"佛见笑"与"开口笑"同义。这酒令也符合佛印身份。秦少游接令道：

并头莲，并头莲，
二八佳人共枕眠，
共枕眠，并头莲。

"并头莲"属花名，"共枕"与"并头"同义，这酒令也符合规格。众人齐声喝彩，好不开心！

mén

门

房屋的出入口——门

说起“门”字就得先说“户”字。古人认为，半扇门为“户”，甲骨文的“户”字就是单扇门的形状，这是个象形字，本义是指“房屋的出入口”，也指“一户人家”。甲骨文的“门”字，是由两扇门构成的，这也是个象形字，与现在的门，基本没有什么差别。

门是供人进出的，所以门字的本义是指“房屋的出入口”，后来又引申为“车、船、围墙或篱笆围起来的地方的出入口”，如车门、舱门、前门、城门。

因为从同一个门进出的大都是一家人，所以门又引申为“家、人家、家族、门第”等意思，如满门抄斩、双喜临门等。

“门”字由家族这层意思，又引申为“门类”，如分门别类、门徒、门外汉等。

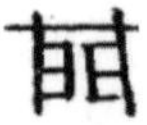

甲骨文

金文

小篆

隶书

门

楷书

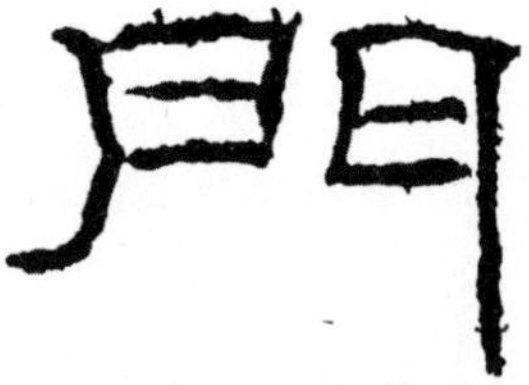

汉《石门颂》

东晋·王羲之

宋·苏轼《寒食帖》

《古法帖》

后花园加个门

关于“门”字，民间有个字谜故事，十分有趣。

宋朝年间，一位老木匠为宰相王安石设计了座宅院，他特地做了个很大的模型，让王安石看，以便施工时修改。

这天，王安石仔细地看了模型，认为总体上还可以，对有些地方不满意。当时，王安石兴致很高，诗兴大发。他拿起模型，在表示后花园墙壁的那块木板上面题了首诗：

“倚阑杆柬君去也，霎时间红日西沉，灯闪闪人儿不见，闷悠悠少个知心。”

老木匠看了这首诗，甚是不解，就去向一位老秀才请教。老秀才到现场一看，解释道：“大诗人写的这首诗，是个字谜呀。这‘阑去柬’‘间去日’‘闪去人’‘闷去心’，都是把门字里的字去掉，剩下的是个门字。宰相的意思，是让你在后花园加个门啊。”

将门虎子

mèn

闷

金文

小篆

悶
隶书

闷
楷书

心里不愉快闷闷不乐

“闷”字是个内外结构的形声字兼会意字，以“心”作形符，表示与心理有关；以“门”作声符兼表意，本义指“心里不痛快，心情不舒畅”。

古人为什么用“门”作声符呢？因为“门”的作用既表示通行进入的地方，同时，兼有关闭、隔离的作用。“门”一旦锁上，就是房舍间不能通过的关口。如若不能通行，就有被围困在里面的意思。人若被围困，就会觉得受压制，不舒畅，不痛快，这就是闷气、烦闷、苦闷、郁闷、忧闷、沉闷、气闷、闷闷不乐。

因为“闷”有不畅通的意思，所以引申指“密封的、不透气的”，如闷罐、憋闷、闷子车、闷葫芦。

“闷”，由“密封的”引申指“空气不流通而引起的不舒服感”，如闷热、闷人的房间。

“闷”，由“密封的”又引申为“不吭声、不声张、声音不响亮”，如闷气、闷声闷气、闷雷。

“闷”，由“密封”的还引申指“密闭”，指“不透气”，如把饭闷一闷、把茶盖起来闷一会儿。

东晋·王羲之《澄清堂帖》

巧说心中苦闷

这是明末清初时，发生在苏州城内饮马桥下一户人家的故事。

乔家是大户人家，乔老爷膝下有一独子，名文俊。其父对文俊管教很严，即便儿子结了婚，也要和他住在一起，不让他成为浪荡公子。

文俊的妻子凤姑，为人贤惠，又颇有才学，深受公婆的喜爱。

文俊在外经商，因与几个花花公子为友，不久也同流合污，常到青楼厮混，与一名妓女相好。此事被乔老爷知道，不由大怒，将他关在家里，要他攻读圣贤书，闭门思过。

却说文俊在家久了，不免心中苦闷。这天，他在书桌上写了两句顺口溜：存心不让出大门，你说烦人不烦人。

凤姑一看，知道文俊写这两句话，出的是一个字谜。第一句“心”字不出门，也就是“心”在门内，这是个“闷”字。他在说被关在家里心情苦闷，人又闷得慌。第二句几乎是大声呼喊了。

凤姑趁文俊在楼上午睡，便提笔写了两句话，放在书桌上算是回答。她是这样写的：

你随便忘却旁人，怎知我门内添心！

待文俊下楼，看到凤姑的留言，细细一推敲，知道了爱妻的心思。她头一句话，说的是个“更”字，“便”字忘却旁边的“人”字，剩下的不就是“更”字么？第二句话，说的是“门内添心”，不正是个“闷”字么？她说的是“更闷”呀。

文俊思前想后，觉得错在自己。他主动向凤姑承认自己的不是，并表示要痛改前非，请求妻子原谅。凤姑也是个通情达理的人，她原谅了丈夫，又向公婆求情，让文俊出去继续经商了。

méng

盟

在神前饮血誓盟

甲骨文

金 文

小 篆

盟
隶 书

盟
楷 书

古代诸侯，相互间常有战争，又有联合，各国诸侯，常在神明前明誓缔约，结成联盟，这种仪式十分隆重，先要杀一些牛羊等牲畜，割下左耳，盛在玉盘里，又取血放在盂一类容器里，用血液来写盟书，然后朗读盟书条文，诸侯国君要饮牲畜的血，或在嘴唇上涂抹牲畜的血，表示诚意，以告示上天神明，谁若违背盟约，就像被杀的牲畜一样。

甲骨文、金文及小篆的“盟”字，就是反映盟誓这一场景的上下结构的会意字。甲骨文下面是盘子一样的“皿”字，读“mǐn”，皿中盛有牛耳、耳窝之类。用玉盘里面立牛耳来表示在神明面前誓缔盟约之意。

金文承接甲骨文，另加义符“月”字。小篆承接甲骨文并使其文字化，隶变后的楷书写作“盟”。

“盟”字的本义指“古代诸侯在神前明誓缔约”。说得简洁点，是“宣誓缔约”，如：古代诸侯盟会中的首领称“盟主”；宣誓缔约称“会盟”，发誓也称“盟一个誓”。“山盟海誓”指男女相爱时订立的誓言和盟约，表示爱情要像山海那样永恒不变。

“盟”字由本义引申指“阶级和阶级，国家和国家的联合”，如结成同盟的国家称“盟邦”。盟邦也称“盟国”，也特指第二次世界大战的“同盟国”，也称“盟友”；结成同盟所签的条约称“盟约”。还有加盟、盟军、联盟、同盟军、城下之盟、攻守同盟等词。“盟”字由本义又引申指“结拜的”，如盟兄、盟弟。“拜盟”就是拜把兄弟，旧时指朋友结为异姓兄弟。

“盟”字旧读作“míng”时，由本义引申指“发誓”，如盟誓。

“盟”和“城下之盟”

“盟”字在旧时代指宣誓缔约，现在指团体和团体、阶级和阶级或国和国的联合。如同盟国。结成同盟的国家叫“盟国”或“盟邦”。

有个成语叫“城下之盟”。这个“盟”字作何解释呢？什么叫“城下之盟”呢？说来，这一成语的出典，有段历史故事。

距今两千七百多年的春秋时期，诸侯国有千余人，少说也有八百个，史书上常说有八百诸侯。但较强大的也就十几个。

最强大的楚国地缘辽阔，今日的长江以北，乃至江苏、浙江到江西、福建、湖南、湖北、贵州等不少地方都属楚国。

在楚国旁边有个绞国，这真正是个小国，就在今日湖北郧“yún”县西北一带。就这么个小国，楚王也不放过，想占为已有。

据《左传•桓公十二年》记载，楚王出兵攻打绞国的国都，准备先攻破南门。绞国军民坚守城门，居高临下，只严守，不出战。楚军集中出兵，轮番进攻，但都被绞国人打败。

楚军见伤亡惨重，只得另谋良策。后来他们采用一位参谋的建议，派几十个士兵到山里打柴，故意不派士兵保护。绞国士兵在城楼上看到了，连忙向长官报告。守城的绞国长官见九十个楚国士兵在山坡上砍柴，手里只有砍柴刀，附近看不到人影，便打开北门，带数百名绞国士兵冲出去，抓捕楚国士兵。

楚国打柴的士兵往山里逃去，绞国士兵紧追不舍。这时，早已埋伏在树林里的楚军兵分两路，一路飞快地奔向北门，将城门控制；一路去堵击往回撤的绞国追兵。而大批楚军快速地由南门转向北门，将绞国都城攻下，强迫绞国订立了“城下之盟”。

《左传》在记叙这场战争时，用了“城下之盟”一词，后人将它作为成语流传下来。这里的“盟”字，虽有“联盟”“同盟”“盟邦”乃至“盟友”之义，但这是在“城下”签订的，指战败国在大军压境，兵临城下的强势威逼下签订的，这种盟约带有强烈的屈辱性和侵略性。人们把这种不平等、不友好的条约称之为“城下之盟”。

健壮又凶暴的狗——猛

měng

猛

金文

小篆

隶书

楷书

小的“猛”字是个左右结构的形声字兼会意字。左边的“反犬旁”作形符，表示跟狗或兽类有关。

“猛”字右边的“孟”字读“mèng”，作声符并会意。

“反犬旁”的“犬”字跟“孟”字组合，指“健壮又凶暴的狗”。

因是指“凶暴的狗”，这跟“犬”字有关，所以古人用表示“犬”的反犬旁作“猛”字的形符。

古人为什么用“孟”字作“猛”字的声符呢?

金文和小篆的“孟”字都是形声字。上面是“子”字，下面是“皿”字。表示初生儿落在盆里。隶变后的楷书写作“孟”。本义为“头生子”，即长子，在兄弟姐妹中排行最大。因此“孟”有初、开始、第一等义。所以兄弟姐妹中排行最大的称“孟”，后面是“仲、叔、季”。老大也称“伯”。每个季节开始的第一个月称“孟春、孟夏、孟秋、孟冬”。如今书法家仍喜欢这种落款。

因“孟”字有“大和强”的意思，所以古人用“孟”字作“猛”字的声符并会意。隶变后的楷书写作“猛”。

“猛”字的本义指“力量大、凶暴”。如猛虎、猛禽、猛火、猛兽、凶猛、猛烈、洪水猛兽。

成语“宽猛相济”，指宽厚和严厉相互补充。这里的“猛”字表示“猛烈、严厉”。

猛字由本义引申指“勇猛”。如猛将、猛追、迅猛、猛杀、猛攻、猛冲、猛打、高歌猛进、突飞猛进。

“猛”字由本义又引申指“突然”。如股市猛跌、房价猛涨、猛然醒悟、迅猛发展。

“闹猛”和“闹网”

“猛”字作形容词用，表示猛烈。如勇猛。也作副词用，表示忽然、突然，如他猛地跳起来。

在中国除了国家规定的通用语言普通话之外，还有七大方言区。方言区的人们，各自习惯用本地区所固有的方言，包括北方方言、吴方言、湘方言、客家方言、闽方言和粤方言。

吴方言以苏州话为代表，分布在上海，江苏南部，镇江以东以及浙江大部分地区。在吴方言中，有“闹猛”一词，表示人多，形容热闹、繁华、场面大。

说起“闹猛”一词的来历，有段民间故事，也属谐音故事。

据民俗专家考证，“闹猛”一词是由“闹网”二字误传而来的。是由“猛”（měng）与“网”（wǎng）这两个读音相近做吴方言字造成的。

故事的起因是这样的。从苏州城向东北方向十几里路，便是阳澄湖。这儿盛产鱼虾和大闸蟹。靠山吃山，靠水吃水，湖边居住着不少渔民，世代以捕鱼捉虾为生。

据说，有一次鱼汛期间，有位老渔民出湖捕鱼，但一连几天，都是空手而回，他很懊丧。

这天，老渔民又是空手而归。快到家门口时，他试着再撒一网，没料到，他这一网下去，竟拉不上来了，只觉得沉甸甸的，他使尽力气，拖也拖不动。岸上的左邻右舍见了，好生奇怪，纷纷驾着小船来帮忙。几个小伙子齐心合力，将网拖了上来，再一看，天哪，网里尽是活蹦乱跳的大鱼小虾，少说也有两百来斤。大伙儿见了，真是又羡慕又开心，纷纷说：“闹网哉！闹网哉！”

鱼儿在网里蹦跳谓之“闹网”。“闹网哉！闹网哉！”是在惊呼鱼儿在网里闹腾着呢。

从此以后，当地渔民每天出湖捕鱼时，都要相互高呼“闹网！闹网！”以讨个吉利，祈求当天捕鱼时每网都“闹网”。由此，“闹网”就变成了“热闹、繁华”的意思。因在吴方言中，“猛”与“网”谐音，不知何时起，“闹网”变成了“闹猛”，一直流传至今。

mèng

梦

甲骨文

金文

小篆

夢

隶书

梦

楷书

睡觉时的幻想——梦

“梦”字的繁体字写作“夢”，它是一个会意字。

金文的“梦”字由“宀”（房子）、“爿”（床）、“夕”（晚上）三个字合成，意思为夜间在床上睡觉，眼前模糊看不清，这就是做梦。

小篆的“梦”字的字形略有变化。上面是个草字头，一个横写的“目”字，表示眼睛看不清，当中是个未封口的大大的圆形。这是“人”字的变形，大圆圈里是个“夕”字，表示夜晚。三个字的会意就是指：人在夜晚看不清。也有人认为，这是表示夜晚人们入睡后在做梦。楷书字体相似。后来简化为“梦”，上面是“林”，下面是“夕”，这是个会意字，表示丛林中月色朦胧，犹如虚幻模糊的梦境。“梦”的本义是“人在睡眠中的幻象”，所以大多数由“梦”组成的词语，都和梦中的活动有关，如梦话、梦境等。

人在做梦中感受到的事物往往是虚幻的、不切实际的，所以“梦”又引申为梦幻、空想的意思，如：梦幻泡影、梦想等。

自古以来，人们就有“日有所思，夜有所梦”的说法，中国和世界上很早就有人对梦进行分析，中国古代有著名的《周公解梦》，西方有弗洛伊德的《梦的解析》，这些著作，对梦做了充分的研究。

以谜语作礼物——梦

猜谜制谜对喜欢谜语的谜友们来说，是件十分愉快的事儿。

扬州谜坛元老丁邦元，已个把月没与谜友们碰头了，听说他身体欠安，老夏、老马、老王几个老友便结伴去看望他。出发前，大家商量带什么礼物为好，老夏说：“他最喜欢字谜，到时我们见机行事，同心协力，创作一个谜语送给他。”

到了老丁家，已是黄昏时分。老丁前几日偶受风寒，身体不适，此刻正躺在小院子里的竹椅上闭目养神。

老丁见谜友们来了，十分高兴，连忙招呼大家坐下，端茶递烟，精神焕发。

老丁家的小院子收拾得干净幽雅。靠墙几根竹子，在晚风吹拂下摇曳婆娑；花台上的花儿，发出阵阵幽香，老丁躺在夕阳下，好一幅老人安度晚年的图画啊！

老丁谈起自己的身体状况，高兴地说：“没啥大病，就是有点儿感冒——不过，近来梦特别多，而且都是美梦！”

老夏说：“梦多好哇。外国科学家得出结论，梦多是长寿的十大要素之一啊。”

老夏在跟老丁闲聊时，老王已在创作谜语了。他看到眼前景色，又听说老丁做了好梦，便说：“老丁，我送个字谜给你当礼物——桑榆晚景，如何？”

老丁听了，嘻嘻一笑：“好！这是‘梦’字，有品位！”

受老王启发，老马也制了个谜，说：“我也送上一份礼——梅枝半疏黄昏时，猜一个字。”

没等老丁回答，老夏抢着说：“那我赶紧也献上一份礼物吧——桃李多半一齐开！也是猜一个字！”

老丁眯眼想了想，说：“都是好梦，都是厚礼！谢谢诸位！”

朋友们听了，都乐得哈哈大笑。

mí

弥

金文

小篆

彌

隶书

弥

楷书

放松弓弦——弥

“弥”字原本写作“彌”。这是个左右结构的形声字兼会意字。左边的“弓”字作形符，表示跟弓弦弓箭之类有关。

“彌”字右边的“尔”字读“ěr”，作声符并会意。

“弓”字与“爾”字组合，指放松弓弦。

因是指将弓的弦放松，不要总是绷得那么紧，以保持弓的张力。这跟“弓”字有关，所以古人用“弓”字作“弥”字的形符。

古人为什么用“爾”字作“彌”字的声符呢?

甲骨文的“爾”字是个象形字。字形像蚕开始吐丝结茧的形状。上面像蚕的头；下面像所结的蚕茧，古人用蚕初吐之丝尚少，所结之茧稀疏像篱笆，来表示“疏朗”之义。隶变后的楷书写作“爾”，俗体字作“尔”。“尔”字的本义指“蚕初结茧时稀疏之象”，由此引申指“疏朗”。而“弥”字指把弓弦放松，这跟“尔”字指“稀疏、疏朗”是一致的，所以古人用“尔”字作“弥”字的声符并会意。

楷书的字形由小篆演变而来，写作“彌”，现简化为“弥”，本义指“把弓弦放松”，后假借指“满、遍”，如充满烟尘、水气等称“弥漫”，烟雾茫茫一片看不分明称“弥蒙”，光线、气体、声音等向外扩散称“弥散”，“弥天大谎”指天大的谎话，“弥天大罪”指天大的罪恶。“弥”字又假借指“遮掩、补”，如弥补、弥封、弥缝；使伤口愈合称“弥合”。

“弥”字假借指“更加”，如弥足珍贵，指更加值得珍视、重视。“欲盖弥彰”，指想掩盖真相，结果却暴露得更加明显。

“弥”字也作姓氏用。

“弥”和“欲盖弥彰”

“弥”字表示“满”，也表示“遍”。如弥漫。

“弥”字作副词用，指更加。如“欲盖弥彰”，指想要掩盖真相，结果却暴露得更加明显。

说起这一成语的出典，有段历史名人故事。

这个故事，出自《左传•昭公三十一年》，其中有这样一段文字：“或求名不得，或欲盖而名彰，惩不义也。”

故事说的是，距今两千五百多年前的春秋时期，有一年冬天，邾（zhū）国的大夫黑肱（gōng），为了达到投奔到鲁国的目的，他私下里将靠近鲁国的一块土地送给鲁国国君。鲁国的史官按照规定，在史书《春秋》中如实地记载了这件事。

《左传》一书在写到这件事时，作出了客规的评价，认为黑肱这个人如此而为，是十分卑劣下贱的。《春秋》一书中如实地记下了黑肱的姓名，这是因为黑肱出卖了邾国的土地，而土地是一国之宝，是不能随意出让的。

对《春秋》一书中写出了黑肱的姓名，后人颇有争议。有人认为，在史书上写一个人的名字是要慎重对待的。就此事而言，不应写上他的姓名为好。

也有人认为，黑肱带着土地背叛自己的国家，这种行为卑劣到了极点，应该写下他的姓名和他带走的地名。之所以要这样，是要让他的不义行为留在史书上，让世人和后人都知道这件事，永世抹不掉。

《左传》一书为此议论道：君子做事，一定先要考虑到礼；自己付之于行动时，一定要考虑到义。不能因为考虑到私利而曲己；不能为义而犹豫不决。有的人千方百计想求名，但并不会轻易得到。有的人想要掩盖自己的恶行，反而会更加突出，这就是对不义罪行的惩罚。

后人将《左传》中“欲盖而名彰”这一句话紧缩为成语“欲盖弥彰”，用来指想掩盖罪行或错误，结果却会暴露得更加明显、更加突出。这里的“欲”，指“想”；“弥”字表示“更加”；“彰”，指“显著”“明显”。

方向不明难行走——迷

mí

迷

金文

小篆

隶书

楷书

古代的“迷”字，是个左下包围结构的形声字兼会意字。左下方的走之旁是形符，表示跟行走有关，右上方的“米”字是声符，读“mǐ”。这两个字形组合在一起，表示因道路复杂，辨不清方面，不知往哪儿走。因走之旁表示行走，所以“迷”字以走之旁作形符。

古人为什么用“米”字作“迷”字的声符呢？因为“米”的字形像四通八达，像人在十字路口，认不准方向，所以“迷”字用“米”字作声符并会意。

楷书字体由小篆演变而来，隶变后写作“改为隶书”。

“迷”字的本义指“辨认不清”。如：迷失航行的方向称“迷航”，使人迷惘的境界或找不到渡口称“迷津”，比喻错综复杂的结构和布局称“迷宫”，模糊而分辨不清称“迷离”。心中拿不定主张，辨不清是非称“迷惑”。迷漫、迷路、迷失、迷误、迷途、迷雾、迷魂阵等中的“迷”，都指“分辨不清”。

“迷”字由本义引申指“失去知觉、神志昏乱”，如因大脑功能严重紊乱，长时间失去知觉称“昏迷”；沉迷不悟的梦想称“迷梦”；神志或眼睛模糊不清称“迷糊”。

“迷”字由本义又引申指“对某种事物过于喜爱，沉醉其中，不能自拔”，如过分爱好而恋恋不舍称“迷恋”，盲目崇拜或相信鬼神称“迷信”。沉迷、痴迷、入迷、执迷不悟、纸醉金迷等都指过于喜爱而情不自禁。由此又引申指“沉醉于某种事情的人”。如爱钱入迷，专想发财的人称“财迷”，爱下棋的人称“棋迷”。影迷、歌迷、球迷等都是指对某事物爱之过分而着迷的人。

谜友说“迷”字

喜欢制作谜语和猜谜语的人，自称“谜人”，相互间称“谜友”。无锡梁溪谜语研究会的谜友经常相聚，其中有不少是西水关茶楼的茶客，也是市民讲座的听众，或是市民讲座的主讲人。

常老师是退休教师，属资深谜人，今日奉会长马汉文重托，给新入会的谜友们讲谜语知识。他别出心裁，先从“迷”字讲起：

各位谜友，别看我长相不佳，可我是资深‘谜人’哪。听起来以为是‘迷人’，但写出来多个‘言’字旁，成了难以理解的不解之‘谜’了。‘谜’与‘迷’之间的关系就是‘说不清’，‘说不清’也就是‘不知所云’、‘含糊其词’。为什么？因为‘讲得入迷’了。

“刚刚这个开场白，跟各位开个玩笑，卖弄一手。‘说不清’、‘不知所云’，这些都是谜面，谜底是‘谜’字。‘言’字旁加‘迷’，就是含糊其词，说得似是而非，这才是‘谜’。只有这样才能成谜语让你猜，如若说得明明白白、清清楚楚就用不着猜啦。

“谜语中有种‘哑谜’，什么话也不说，做个动作让你猜。在这儿，‘哑谜’也是个字谜，谜底是‘迷’字。‘哑谜’嘛，不说话，就是‘谜’字去掉‘言’字旁剩下‘迷’字。还有句口头语：‘迷信害死人’，指‘迷’字与‘信’字相合，所谓害死人就是把‘信’字左边的单人旁去掉，剩下‘言’字，再加‘迷’字，即为谜语的‘谜’。

“说到‘迷’字，诸位可别小看走之旁里的‘米’字。这‘米’字成四通八达的样子，方向难辨，这才迷路了。‘迷’字音通‘眯’。眼睛里进了像米粒的灰尘或沙子，睁不开，只好眯着眼。眼睛眯着，不辨方向，所以才会走错路，做错事，才会失足摔跤跌入陷阱。

“‘迷’字音也通‘秘’。秘密，就是不让别人知道的事。因不知底细，不知详情，所以也会误入迷途，上当受骗。如果误入歧途，沉醉在一样事物中不能自拔，那就成了‘痴迷’了。一旦痴迷，就没有了自我，成了个相信迷信的人。这种人不讲科学，盲目崇拜，就叫‘鬼迷心窍’了。无锡人碰到解不开的谜，想不通的事，常惊呼：‘鬼迷！鬼迷！’意义深远，值得好好品味啊。”

mǐ

米

甲骨文

金文

小篆

米

隶书

米

楷书

米粒分成两堆

“米”字是一个象形字，它在甲骨文中，字体中间的斜横将上下六个点分开，仿佛一阵微风吹过，米粒分成两堆。

“米”的字形在演变的过程中，中间的两点连接起来，这就是我们今天所看到的“米”字。

“米”一般指谷类作物去掉皮、壳之后的果实，如稻米是稻谷脱去壳后的果实，玉米是去除玉米棒后的果实，花生米是花生果去壳后的果实等。一些外形与米相像的食物也被称为“米”，如菱角米、虾米、高粱米等。

“米”是长度的基本单位之一，一米等于十分米，等于一百厘米。

“米”也可以用来形容颜色，“米色”是白而且微黄的颜色，跟米的颜色相似。

“米”还可以作为姓氏使用，宋代著名书法家米芾就是“米”姓家族的名人。

汉《曹全碑》

宋·苏轼《三希堂法帖》

元·陈基

王冕猜字谜——米

元朝末年，有位大画家名叫王冕。他从小出身贫苦，上不起学，每天只能替人放牛，以此糊口。

山坡下有一所私塾，里面有一位老先生教孩子写字读书。王冕每次经过那儿，都忍不住扒在窗台上听上一会儿，时间一长，倒也偷认了不少字。

有一天，老先生发现了窗外的王冕，便板着面孔说："你不好好放牛，跑到这里凑什么热闹，去去去。"

王冕一边作揖，一边哀求，希望能再听一会儿。老先生想了片刻，说："那好，我出个字谜考考你，要是猜对了，你就留在这里听吧。"说罢，抑扬顿挫地念了起来："四个不字颠倒颠，四个八字紧相连，四个人字不相见，一个十字在中间。"

王冕不假思索回答道："是您前几天讲过的'米'字！"老先生吃了一惊，仔细端详了王冕一阵，最后破例收下他，让他坐在私塾里读书认字。

等米下锅

用手和眼去寻找——觅

mì

觅

甲骨文

金文

小篆

隶书

楷书

古时的“觅”字是由“爪”和“见”组合而成的。这是个会意字。上面的“爪”表示手，下面的“见”表示用眼睛看，合起来的意思就是用手和眼睛寻找。“觅”的本义就是“寻找、求索”，如觅食。

有人认为，“觅”有斜视的意思。看来斜视不应是它的本义，当人们寻找事物时，偶尔会斜视一下，但不会以斜视为主的。

“觅”字主要表示寻和找，如觅路、寻觅。

[瓦当欣赏]

秦汉瓦当

制谜与美育——觅

“制谜与美育”，这个话题似乎太专业，又有点儿小题大做。制作谜语，跟美育有多大关系？说来有段故事，请列位欣赏。

却说无锡谜语研究会的几位同仁，这天在西水关茶楼聚会，制作了好几个精品谜面。活动结束，已是夕阳西下，众人意犹未尽，下得茶楼，边走边聊。走到后西溪小街，这儿行人稀少。会长马汉文看到前面不远处好像有个人趴在地上，两手摸索着，似乎在寻找什么。众人加快脚步，走到跟前一看，只见一位老人跌倒在地。这一跤跌得不轻，裤子双膝处擦破，皮肤擦伤，流着鲜血。众人忙去搀扶老人，但老人说：“莫急，我还没找到。”大家发觉，老人两眼凹陷，眼光混浊，一看便知是深度近视。果然，不远处有个已破碎的像酒瓶底的眼镜。小陶忙拾起来给老人戴上，但已不起作用。老人指指路边说：“我看不清，请你们找找看，有颗钉子将我绊倒。找出来拔了它，切莫再害人。”

小陶眼尖，看到路牙上果真有颗大铁钉，这是商贩搭塑料棚留下的祸根，但无人问津。也许有人曾被绊过，但并未想到要拔除它，而这位老先生顾及他人，他不顾伤痛，双手摸索着寻找这害人的铁钉。

大家搀扶着，将老人送回家。小陶借了把老虎钳返回原处，使尽力气，拔出了铁钉。

马汉文一行告别老人，继续漫步时，小陶说：“我本想用这件事制个谜面，‘有眼不够用，还要用手摸’，谜底是‘觅’字，但总觉得不够美。”

马汉文说：“这就对了，小陶，我们得探讨一下，制作谜语，也要有美育观念。”

这几位谜友，就这个话题，边走边聊起来。

变幻莫测的神——秘

mì

秘

小篆的“秘”字写作“”，这是个左右结构的形声字兼会意字。左边的示字旁是形符，表示跟祭祀神灵祖先有关，右边的“必”字是声符，读“bì”。这两个字形组合在一起，指变幻莫测的神。

示字旁是祭神的供桌，所以“祕”字用“示”作形符，以表示神是难以猜测的。

古人为什么用“必”字作“祕”字的声符呢？因为“必”是“閟”字简省的写法。古代的“閟”字，是“门”字内有个“必”字，指“闭门”，有内外隔绝的意思，表示关起门来使外人神秘难知。因此“閟”就有隐秘、秘密的意思。神对人来说，是十分隐秘的，是变幻莫测的，所以“祕”字以“必”字作声符并会意。

隶变后的楷书写作“祕”，后作为异体字被废除。而原先的俗体字“秘”字作规范字使用。

“秘”字原先写作“祕”，它的本义指“神”，因神变幻莫测，所以引申指“神奇、不可预知”，如奥妙神秘的“奥秘”，隐秘不易捉摸称“诡秘”，难以捉摸的，高深莫测的称“神秘”，隐蔽不外露或秘密事称“隐秘”。

“秘”字由本义引申指“不公开的”，如不公开的，有较好疗效的药方称“秘方”；珍藏少有的图书和版本称“秘本”；不能公开的巧妙办法称“秘诀”；没有公开的历史称“秘史”；罕为人知的传闻称“秘闻”；隐藏起来不让人知道称“秘密”；罕见的珍宝称“秘宝”。

掌管文书并协助机关或部门负责人处理日常工作的人员称“秘书”。粪便干燥，大便困难次数少，称“便秘”。

“秘”字也作姓氏用。

金文

小篆

秘

隶书

秘

楷书

为禾木旁“秘”字作解析

这天，无锡梁溪谜语研究会的朋友们聚在一起，边喝茶聊天，边咬文嚼字。正谈着，小陶接到谜友发来的短信，短信中提出两个疑问：“秋前必到”这个谜面的谜底是“秘”字，谜友认为“秋”字后面到个“必”字才是“秘”，为何说“秋前”？还有“必定有前科”的谜底为什么是“秘”呢？小陶回复：“秋”字前面为“禾”，加“必”成“秘”，同样道理，“必定有前科”这个谜面，前科指“禾”字，“必”字加“禾”字为“秘”。

赵纪方说：“‘秘’字自古以来就有两种写法，一是禾木旁的‘秘’。一是‘示’字旁的‘祕’。这两种字体中，‘示’字旁的‘祕’是最早出现的，应视作本字，禾木旁的‘秘’是俗体字，属异体字。现在以禾木旁的‘秘’字为规范字，示字旁的‘祕’反而淘汰了。《说文解字》讲‘祕、神也’。凡‘示’字旁均表示与神有关，所以称‘神秘’。但这个本义在禾木旁的‘秘’字中已看不出来了。”

小陶问：“这跟表示稻谷的禾木旁有什么关系？”

周其良说：“表示自家粮食收成对人保密啊。”

赵振南说：“‘禾’字是农作物总称，这是个象形字，像沉甸甸的稻穗挂下来。‘必’字是‘心’上插把短刀，这叫‘毙命’。‘秘’字是禾谷稻米，用镰刀收割之后，人吃下肚转化为精神和力量，而这个过程人是看不到的，是人体器官功能秘密完成的。‘秘’音通‘密’，事物之间靠得很近，关系密切就不易辨别，所以也能起到隐密作用。禾木旁的‘秘’字，与‘示’字旁的‘祕’字有相同之处，不能说它与‘祕’字的本义毫不相干。”

马汉民文听罢，笑道：“赵兄言之有理。你在为禾木旁的‘秘’字申冤呢。‘秘’音不仅通“密”，也通‘迷’啊。任何‘秘’的存在，都是因为被它迷住了。如果不把道理讲明白，‘禾必’就成了‘何必’，人们会说何必用‘禾木旁’的秘呢？现在你把这道理讲明白，‘禾必’的‘秘’就名正言顺地成规范字啦。”

mì

密

金文

小篆

密

隶书

密

楷书

深山幽静又秘密

古代的“密”字是个上下结构的形声兼会意字。上面的“宓”是声符兼表意，这“宓”字读“mì”，是个形声字，宝盖头作形符，表示与房屋有关，特指在房屋内，没有外界干扰，很安静，下面的“必”是读音，本义指“宁静”。

“宓”字用在“密”字中，除了表示读音，还有“宁静”的意思。下面的“山”是形符，表示形状像堂屋一样的山。古时的堂屋三面高，一面较低，中间平坦，能使人安居。而“宓”也有安静的意思，所以“宓”和“山”组成的“密”，其本义指“形状像堂屋一样的山”。

也有人认为，房屋鳞次栉比，山状如“堂”，是一重一重的山，也就是深山，本义指“一重一重的山”。这与上一种说法，本质一样，都是指幽深的山。

幽静的环境，容易使人感到有神秘感、秘密感，如保密、绝密、机密。既是秘密，就是不公开的，如密件、密电、密令、密码、密谈、密使、密探、密谋、密约、告密。山，往往是连绵不绝，靠得紧紧的，所以“密”有靠近、亲近的意思，如亲密、稠密、浓密、密友。

“密”，由亲近、靠近，又引申指“细致、精致”，如精密、细密、周密、严密、密集、密植、缜密。

“密”与“宓”，都是姓氏。

智取威虎山——密

王兴华是个京剧迷，夫唱妇随，老伴儿也跟他一样，爱看京剧，哪儿有演出，夫妇俩都赶去看，而且是百看不厌。

这天，上海京剧团到南京演《智取威虎山》，王兴华早早地买了票，带老伴去看了。

戏演到一半，老伴儿见兴华今儿有点怪，看戏时心不在焉，好像在想别的事情，时不时地掏出小本儿写上几个字，不知他搞什么名堂。难道他还在为《老年文摘报》写字谜稿？

老伴儿猜对了，王兴华看戏时忽然来了灵感，想到个好字谜。中场休息时，他赶紧地将字谜写出来，让老伴猜。

虎穴消灭八金刚，利剑插入敌心脏，

威虎山下巧埋伏，如此军机莫声张。

老伴儿猜不出，王兴华喜形于色，手舞足蹈，像演戏一样，一字一句道："我这个字谜，是根据《智取威虎山》的剧情构思的。你看这头一句'虎穴消灭八金刚'，指的是'穴'字去掉'八'字，这就剩下个宝盖头。第二句'利剑插入敌心脏'，指的是'心'上插利剑，这利剑就是一撇，这一撇插在'心'字上就是个'必'字。第一句的宝盖头加第二句这'必'字，组成个'宓'字。第三句'威虎山下巧埋伏'，说的是下面埋伏一个'山'字，这就组成了个'密'字。最后一句'如此军机莫声张'，指的是'保密'，直接点出了'密'字，你看妙不妙？"

老伴看着他，说："妙。咱接着看戏，好不好？"

王兴华按捺住心头喜悦，又回到座位，等着看戏了。

mì
蜜

小篆

蜜
隶书

蜜
楷书

蜜蜂采花酿成蜂蜜

“蜜”字是个上下结构的形声字兼会意字。下面的“虫”字作形符，表示跟昆虫有关。“蜜”字的上面是“宓”字，读“mì”，作声符并会意。

“宓”字与“虫”字组合，指“蜜蜂采花的甜汁，酿成甜美的蜂蜜”。因是指蜜蜂采花酿蜜，这跟昆虫有关，所以古人用“虫”字作“蜜”字的形符。

古人为什么用“宓”字作“蜜”字的声符呢?

小篆的“宓”字是个形声字兼会意字。上面的“宝盖头”表示跟房屋有关。下面的“必”字为声符，有“必然”和“必定”之意。这两个字形组合，指“安定”“安宁”“安静”。本义为“安处室内”。蜜蜂春夏两季，忙碌地采花酿蜜，以备秋冬之食，有了充足的蜜，它们才能安然度过秋冬，所以古人用“宓”字作“蜜”字的声符并会意。

楷书的字形由小篆演变而来，写作“蜜”。

“蜜”字的本义指“蜂蜜”。蜜蜂用采集的花粉酿成的黏稠液，供食用或药用称“蜂蜜”，也叫“蜜”。生产蜂蜜的来源，即能大量供蜜蜂采蜜的植物称“蜜源”。把蜂巢中储存蜜的部分用刀割下来称“割蜜”。

“蜜”字由本义引申指“像蜂蜜那样的东西”。如柑橘的一种，果实大，皮厚，果肉多汁，很甜，称“蜜柑”。用浓糖浆浸渍果品称“蜜饯”。像蜂蜜的淡黄色称“蜜色”。还有蜜腺、蜜枣、分蜜、花蜜、水蜜桃等词。“蜜”字又引申指“甜美”。如新婚后的第一个月称“蜜月”，感到幸福愉快称“甜蜜”。

“蜜”和“口蜜腹剑”

“蜜”字作名词，指蜂蜜，或像蜂蜜一样的东西，如糖蜜。也指像蜂蜜一样甜的，表示甜美。如甜言蜜语、口蜜腹剑。

说起“口蜜腹剑”这一成语的出典，有段历史人物故事。

唐朝玄宗年间，有个权臣名叫李林甫，他仗着是皇帝的本家，巴结唐玄宗的宠妃惠妃及宦官高力士，上下活动，讨得唐玄宗的欢心，被任命为宰相及兵部尚书。

李林甫为人阴险狡猾，两面三刀，手段毒辣。他善于谄媚逢迎，溜须拍马，样样看皇帝脸色行事，竭尽歌功颂德，曲意巴结之能事。他挖空心思，收买皇帝身边的太监宫女，从他们口中探听皇帝的言谈内容及意向动静，从中获取情报。一则投皇帝所好，二则掌握大臣们的动向，及时采取措施，加以应对，因此他能霸占宰相之位长达十九年。

李林甫使尽两面派手法。对同事和下级官员区别对待。凡对他不构成威胁的，他显得办事公正谦恭有礼。对有权势者，他巴结拉拢，结党营私。对皇帝重用厚待的人，他暗中作梗，造谣陷害，挑拨离间，阻扰皇帝重用。他或设法将这些人降职，或将他们调往边远地区任职。

据《资治通鉴·唐玄宗天宝元年》记载：

李林甫为相，凡才望功出已右，及为上所厚，势位将逼已者，必百计去之。尤忌文学之士。或阳与之善，啖（dàn）以甘言，而阴陷之。世谓李林甫口有蜜，腹有剑。

这段话说的是：李林甫当宰相时，凡是才能威望高于他的，或为皇帝所厚待的，地位将威胁到自己的，必定要千方百计除掉他。他尤其忌讳有文学才华的人。或者表面与这些人友善，谈的都是甜蜜语，或者以利益引诱收买；而暗中却陷害他。世人都说李林甫嘴上有蜜，腹中有剑。

后人将这段话中“口有蜜，腹有剑”紧缩为成语“口蜜腹剑”流传下来。“口蜜”即满嘴甜言蜜语，把好话说尽。“腹剑”即肚子里暗藏杀机，以此比喻嘴里说好话，像蜜一样甜；肚子里想的是要置人于死地。就如同谚语说的：脸上笑呵呵，手里掏家伙，这是个歹毒的人。

闭上眼睛睡觉——眠

mián

眠

小篆的“眠”字写作“瞑”，这是个左右结构的形声字兼会意字。“目”字作形符，表示跟眼睛有关。“冥”字作声符兼表意。这个字读“míng”，表示昏暗，本义指夜深。这两个字形组合在一起表示闭上眼睛。本义为“闭眼”。隶变后楷书写作“眠”。

与“瞑”字同义的俗体字“眠”字也是个左右结构的形声字兼会意字。左边的“目”字是形符，表示跟眼睛有关。“泯”字简省的写法“民”字作声符并会意。因为“泯”字有“昏”的意思，而人睡着了什么也不知道，有如昏迷一样，所以“眠”字用“泯”字简省的“民”字作声符并会意。

楷书的字形由小篆演变而来，写作眠。

因为“眠”字与“瞑”字是同一意思的字，后来古人作了分工，“瞑”字专门负责讲“闭眼”之义，而“眠”字则表示“睡觉”之义。所以“眠”字的本义为“睡觉”。如安眠、催眠、失眠、睡眠、休眠、催眠曲……这些都是表示睡觉且睡着了的意思。

“眠”字由本义引申指“一些动物在一定时期像睡眠那样不食不动”，这便是蚕眠、冬眠、夏眠。这个睡觉长达几个月，可见睡得是多么深沉了。

金文

小篆

眠

隶书

眠

楷书

睡眠·睡觉·睡醒

古代表示睡觉的字和词很多，而且分工很细，坐着低头打瞌（kē）冲（chong）叫“瞌睡”。这是因困倦而不由自主地进入睡眠或半睡眠状态。闭上眼睛但不一定睡着叫“眠”。眼皮微微合上，似睡非睡称“眯会儿”，方言中称“打个盹儿”，也称“小睡”。躺在床上睡觉称“寝”（qǐn）。伏在矮几上睡觉叫“卧”。“卧”字也指躺下睡如“仰卧”。有种卧榻是专指可供躺卧的低矮家具。凡睡着了称“寐”（mèi），这是专指入睡、睡着了。“夜不能寐”，指夜里睡不着。睡醒了叫“觉”或“寤”。“寤”字读（wù），跟“悟”字同音同义。专指睡醒、故称“醒悟”。

说了这么多，“睡眠”跟“睡觉”区别在哪儿？“睡觉”跟睡眠一样是指睡着了还是指没睡着，或是睡醒了呢？《现代汉语词典》第六版是从科学角度对“睡眠”进行解释的，指其能恢复体力和脑力，包含“睡着了”的意思。若说“冬眠”，睡一个冬天，能不睡着吗？对“睡觉”的解释是“进入睡眠状态”。那么，“睡觉”到底是指睡眠还是一觉睡醒了呢？还是看看老祖宗们是怎么说的呢。

“睡”和“觉”何时组成“睡觉”已难考证。不过唐诗中已大量使用了，且都是睡醒了的意思。裴度《凉风亭睡觉》一诗中有“饱食缓行新睡觉，一瓯新茗侍儿煎”。指刚刚睡醒，就看到书童已煎好新茶了。白居易《长恨歌》中“云鬟半偏新睡觉，花冠不整下堂来”。说的是杨贵妃刚睡醒，花冠还没整理好就下堂来了。

明代小说《二刻拍案惊奇》中有一段：“快去房里伺候，倘若睡觉，赶快报知，切勿误事。”这是吩咐家人去看客人，如果已经睡醒了，立即报告。

以上“睡觉”二字，指的都是“睡醒”了，也不知何时何故，把表示睡眠了的“睡觉”说成进入睡眠状态的“睡着了”。如今即使从字面分析，“觉”字表示觉悟、觉醒、觉察，这“睡觉”一词也该是睡醒了啊。难怪《现代汉语词典》只好含糊其词地把“睡觉”说成进入睡眠状态。这个状态是睡着了还是睡醒了？我们只能回过头来，再探讨探讨睡眠的“眠”字了。

用细丝连在一起——绵

mián

绵

金文

小篆

綿
隶书

绵
楷书

小篆的“绵”字是个左右结构的会意字。左边的绞丝旁作形符，表示跟丝有关。

“绵”字右边的“帛”字读“bó”。在甲骨文、金文和小篆中都是形声字兼会意字。上面为“白”字，下面为“巾”字，其本义指“未染过的丝织品”，后作为丝织品的总称。“帛”字既可单用，也作偏旁用。凡从帛取义的字，都跟丝织物有关。以“帛”作义符的字主要是“绵”字。既有绞丝旁，又有丝织品的总称，这两个字形组合，更加突出丝织品的意味了。

楷书的字形由小篆演变而来，当时有个异体字写作“綿”，所以写作“綿”，现简化为“绵”，作为规范字。

“绵”字的本义为“用细丝把织物连在一起”。“绵”字由本义引申指“丝绵”。

用碎丝、废丝等为原料纺成丝后织成的丝织品称“绵绸”。剥去蚕茧表面的乱丝整理而成的东西称“丝绵”。用树木的韧皮纤维制成的纸称“绵纸”。丝绵也称“绵子”。还有海绵、软绵绵、绵密、绵力等词。

“绵”字由本义又引申指“连续不断”。如绵长、绵亘“gèn”、绵联、绵延、缠绵等词。

落藤黄瓜软如绵

明朝正德年间，苏州有四位书画家，他们是唐伯虎、祝枝山、文征明、徐祯卿。四人并称“吴中四才子”，合称“明四家”。他们的书画及诗文在当时就是艺术珍品，如今更是价值连城。

这四位艺术家的传说故事是说不完的。他们经常在一起吟诗作对，留下许多佳作和佳话。

这年夏日，四人相约，来到苏州城外太湖边游湖，一来避避暑气，二来欣赏湖边荷花盛开的美景。

四人乘小船在荷花丛中穿行，凉风习习，荷叶飘香，令人陶醉。

摇船的老艄公见四人只顾赏荷，忘了作诗，便提醒道：“四位相公到此，总要吟上几句，让我们开开眼界啊。”

四人听了，觉得此话有理，便催唐伯虎作个上联，让大家接下联。唐伯虎想了想，吟道：

出水荷叶轻似云。

三人各自寻章摘句，要对出下联，但都没找出最佳句式，羞于开口。这时岸上有人招呼，催他们上岸用餐，四人匆匆上岸，但仍在低头沉思，斟酌下联。

老艄公去瓜棚摘黄瓜招待客人。见四人仍沉思默想，搜索枯肠，怕他们饿了伤了身子，便将几个鲜嫩的黄瓜放桌上说：“四位公子，这下联我来对如何？”众人望着他，齐声说：“请老伯出联。”

老艄公举起一根软绵绵的黄瓜说：

出水荷叶轻似云。
落藤黄瓜软如绵。

众人听罢，都拍手叫好。这是句地地道道的大白话。从藤上掉下来的黄瓜没了水份养料，软沓沓的，捏上去像团绵花。这句话来自瓜农的生活体验，用在这儿跟“出水荷叶轻似云”相对，真个是天衣无缝，珠联璧合。

miǎn

免

甲骨文

金文

小篆

免

隶书

免

楷书

脱去头上的丧帽——免

甲骨文的“免”字是个象形字兼会意字。字形像人头上戴着丧帽，俯下身子在向死者哀悼。

古时的丧礼，先脱掉帽子，然后用白布包裹头上的发髻。这种风俗延续至今。“免”字也就是这一风俗的写照。如今农村的丧帽仍以白布勒在头上。向逝者哀悼时必须脱帽。金文由甲骨文演变而来，稍作简化。小篆使其整齐化，隶变后的楷书写作“免”。

“免”字的本义指“丧帽”。后来这一意思被古人另造的“絻”字代替。“免”字由去掉帽子引申指“脱掉”“除去”。如免去、除掉称“免除”，脱帽称“免冠”，不收费的票称“免票”，免交税款称“免税”，免于刑事处分称“免刑”，允许不学习称“免修”，免除某种规定的服役称“免役”，免掉职务称“免职”，不给予法律处分称“免罪”。还有罢免、豁（huò）免、黜（chù）免、赦（shè）免、减免、任免等词。由上义引申指“设法不使某种事情发生”。如难免、不免、未免、幸免，在所难免等词语。

“免”字假借指“不可”。如闲人免进、免开尊口。

“免死金牌”很难免死

在《现代汉语词典》中，有“免刑”“免职”“免罪”这些词，但没有“免死”这一词。而在古典小说或戏曲中常看到“免死金牌”“免死铁券”这些词。历史上究竟有没有“免死金牌”？有了“免死金牌”真能免死吗？这就要看关键字“免”字能不能起作用了。

秦朝末年，天下大乱，作为地方小官的刘邦结合一帮穷弟兄揭竿而起。这些人跟随他南征北战，出生入死，打下江山，拥戴他登上了皇帝的宝座。想当年，他曾许下承诺，“同生死，共富贵”，现在江山坐稳，贵为天子，刘邦不失前言，为立了汗马功劳的大臣们发了免死铁券，在铁券上用丹砂写下誓言：“使黄河如带，泰山若砺〔lì〕，国以永存，爱及苗裔。”言下之意是，除非犯有谋反的大逆之罪，功臣及他们的后代子孙，凭借这“铁券”，可以免死。这就是最早的有史可查的“丹书铁券”。

到了唐朝，冶金技术有了很大的发展，人们不再用丹砂书写了，采用更先进的，嵌金工艺，将券文条款铸成金字嵌进铁券，这可能给后人造成一种错觉，把这说成是“免死金牌”，加上小说戏曲的宣传，“免死金牌”就成了“免死铁券”，流传至今。其实，金牌也罢，铁券也罢，这只是个形式，关键是有了这牌子能否免死？

据史记载，明朝开国皇帝朱元璋登基后，很快给开国功勋们颁布赐“免死铁券”，这铁券形如瓦面，上面记得有二三百字的短文，都是表彰功绩的华丽字句，还刻有免死、减死、俸禄数字等条款，这些字都以金子制作嵌入铁券。这只能算是一种荣誉证书，无实际意义。据统计，被朱元璋赐予免死铁券的开国功臣中，只有两位得以善终，其余都守着“免死金牌”被杀被害。朱元璋时时刻都防着这些跟着他造反的功臣们，他担心这些人会像当年造反一样也来造他的反。他早已将“免死牌”中的“免”字忘到脑后。为了彻底干净地消除后患，朱皇帝将功臣们请到新建的“功臣楼”去庆功，当用完最后的晚餐时，放一把火将他们集体送上了西天。这样一了百了，省得日后再麻烦了。

“免死金牌”与“火烧功臣楼”相对照，便知“免”字在这儿的虚浮与虚妄了。

能力不够仍尽力——勉

miǎn

勉

“勉”字是个左下包围结构的形声字兼会意字。右上方的“力”字是形符，表示跟能力、力量有关。左下方的“免”字读“miǎn”，作声符并会意。

“免”字和“力”字组合在一起，指“能力不够，但还是努力去做”。

因是讲能力或力量不够，所以古人用“力”字作形符。

古人为什么用“免”字作“勉”字的声符呢?

甲骨文的“免”字是个象形字兼会意字，字形像人戴顶丧帽子，俯身哀悼死者。古代丧礼，要先脱头上帽子，然后用白布将头发包裹起来，这就是“免冠”，脱掉帽子。现在以白布勒在头上的风俗就是由此而来。正因为不可以戴帽子，要脱帽致哀，所以“免”字有“不可、不能”的意思。在“勉”字中，“免”字指不能、不可以做到，但仍然努力去做的意思。正因为此，古人用“免”字作“勉”的声符并会意。

楷书的字形由小篆演变而来，写作“勉”。

“勉”字的本义指“尽力、努力”。如本来做不到或不愿做，还尽力去做称“勉强”；使人去做不愿做的事也称“勉强”。

“勉”字由本义引申指“努力”。尽力、努力称“勉力”，振作努力称“奋勉”，勤劳不懈、勤奋称“勤勉”。

“勉”字还引申指“鼓励”。如鼓励、劝人努力称“勉励”，共同勉励称“共勉”，嘉奖勉励称“嘉勉”，规劝并勉励称“劝勉”，安慰勉励称“慰勉”，自己勉励自己称“自勉”，鞭策勉励称“策勉”。

金文

小篆

隶书

楷书

君子劳心，小人劳力——勉

提到测字术，人们很容易想到算命打卦、骗人钱财的把戏，认为这是一种愚弄人的迷信活动。其实，早在测字术流行之前，古代的文人就有一种剖析文字的习惯，他们还把拆解文字提升为一种游戏，写成诗词歌谣传唱，或者以字谜的形式让别人去猜测，以此取乐。

唐宋时期，这种文字游戏更为盛行，尤其是宋朝，上至王公贵族，达官要人，下至文人雅士，平民百姓，都喜欢逢场作戏，搞点文字拆解，或展示自己的文才，或拿别人取笑一番，博得众人喝彩。

北宋时大书法家蔡襄，有一天跟好朋友陈亚到一寺庙游览。寺庙住持大和尚见大书法家到来，忙端出文房四宝，要蔡襄留下墨宝。陈亚在一旁起哄，要他多写几幅，在场的每人一张。没料想，蔡襄下笔就写了句“陈亚有心便是恶”，就把笔搁下了。众人看了，乐得哈哈大笑。

蔡襄巧妙地将“恶”字拆解成“亚”字和“心”字，跟陈亚开了个玩笑。陈亚也不含糊，他提笔接着写了句：“蔡襄无口便成衰”。他把“襄”字中的“口”去掉，剩下的字形就像“衰”字。“恶”与“衰”都是骂人的字，后来成了佳话。

这种文字游戏，还可追溯到汉魏时期。

北魏皇帝孝文帝，将他的四个儿子分别取名为怀、愉、悦、慨。

一天，孝文帝与大臣崔光谈公事。谈完朝政君臣孝文帝关心地问崔光：“听说爱卿又得一子，起的什么名字？”

崔光说：“前三个分别取名功、勤、励，新生儿取名为勉。”

孝文帝欣喜地说：“我儿名旁皆有心，卿儿名旁皆有力。”

崔光听了，随口应道：“此乃群子劳心，小人劳力也。”

此语一出，孝文帝乐得哈哈大笑。

miǎn

娩

女性生孩子——娩

古代的“娩”字，是个左右结构的形声字兼会意字。左边的“女”字是形符，表示跟女性有关，右边的“免”字是声符，读“miǎn”。这两个字形合在一起，指“女性生孩子”。因为是女性生孩子，所以“娩”字用“女”字作形符。

古人为什么用“免”字作“娩”字的声符呢？我们就得首先分析一下“免”字。

甲骨文的“免”字，像人头上戴着一顶办丧事的帽子，正弯下身子在凭吊死者。古代的丧礼是先脱掉帽子，然后用白布包裹头发。如今农村或边远地区，人们戴的丧帽，有的用白布缝成方形的，有的以白布勒在头上来代替。有的地方把这称之为“小帽子”，其实应称“孝帽子”。现在这一风俗简化了，但在参加追悼会时每个人都必须脱掉帽子，以示对死者的尊重，这就是“免冠”。由“免冠”引申指“去掉、脱掉、除去”，这就是“免除、免费、免职”。由此又引申指“躲开、避免”，再引申指“离开、释放”，还表示“不可、不要”。

因为胎儿离开母体时，有去掉、除去的意味，所以“娩”字以“免”字作声符并会意。

“娩”字的本义指“女性生孩子”，如胎儿从母体内产出来称“娩出”，也叫“分娩”。“分娩”不一定专指人，牲畜生幼崽也叫“分娩”。

小篆

娩
隶书

娩
楷书

大孝子深情说“娩”字

梁溪谜语研究会的会长马汉文，是个出名的大孝子。他老母亲九十多岁了，如今尚健在。朋友们到他家聚会，老太太还拄着拐杖，忙前忙后地张罗，跟着倒茶递烟。朋友们过意不去，老马说：“随她意，让她活动活动！”朋友们谈话时，她远远地看着，但耳朵听不见。

这几天，周其良容光焕发，神采奕奕。原来，他的黄昏恋进展顺利，后天晚上他将与对芳女士约会，讨论结婚的事儿了。大家听了，都很高兴，纷纷向他祝贺。赵纪方突发奇想，说：“老周后天晚上跟女友约会，这是个很好的字谜呀！”都是圈内人，他这一说，沉默了一刻儿，众人都笑了。老马掐指算了一下，老周从第一次见面送对联，到今天已有十个月了。他对老周说：“其良，不容易呀，你这也是十月怀胎，一朝分娩呀。”原来这个字谜的谜底是“娩”字。以“后日晚”指“免”字，加“女友相会”成“娩”字。

老太太见大家笑成这样，也跟着笑起来。

马汉文看着老母亲，不由感慨地说：“十月怀胎不易啊。我生下来有九斤重，母亲怀着我时，肚子大，弯不下腰，睡不成觉，就连走路也看不到路面啊。”接着，他深情地回忆说：“母亲生孩子，是件冒险的事。只要孩子没落地，母子俩都站在鬼门关，前脚跨在‘生’字上，后脚踏在‘死’字上，生死之间一条线。命大，脚一抬就过去了，命薄，母子俩只能返回阴曹地府。到我娶妻生子时，我站在产房门外，听着妻子在里面撕心裂肺的嚎叫声，我相信，每一位母亲生孩子，都是在勇闯鬼门关。”

老马写了个“娩”字说：“‘娩’字中的‘免’字是办丧事的帽子这一说法，是在暗示，母亲生孩子是九死一生啊。”

大家点头认可。老马话头一转：“不过，我更相信‘娩’字跟‘兔’字相关。‘娩’字最初指兔子生育，后来才用‘分娩’来指人的生育。这里的‘娩’字，同样包含着避开灾难，死里逃生的含义。明白了这一点，我对生死、母爱、孝道、生命就理解得更深刻了。”

miàn

面

甲骨文

小篆

面

隶书

面

楷书

头的前部——面孔

甲骨文的“面”字，是个象形字，字形像人的脸形。外面一圈是人脸的轮廓，脸上最传神的是眼睛，这正应了后人所说的“画龙点睛”了。

眼睛会说话，难怪古人造表示脸的“面”字时突出了眼睛，这个眼睛就是“目”字。小篆将“目”字错写成“”字，也就是后来的“首”字。隶变后楷书写作“面”。

按《说文解字》的解释：“面，颜前也。从，象人面形。”许慎老先生说得明明白白，“颜前”即头的前部。从“”，即“”字为主。可见后来的小篆并没搞错。其实，这“”就是后来的“首”字，也是表示头部的意思，否则何来“昂首阔步”？这“”字下面加了两只脚，表示有了身段就成了“页”字。这“頁”字也用来表示头部，否则又怎么和声符“彦”字组合成表示面容的“颜”字呢？可见，汉字中有不少字是你中有我，我中有你，它们之间是有着千丝万缕的联系的。

“面”字的本义指“脸”，如面孔、面貌、面目、面容、面色、面善、面生、面相、脸面、露面、情面、面红耳赤、面黄肌瘦、面目全非。

“面”字由本义引申指“朝着、向着”，如面对、面临、对面、面谈、面交、面谢、会面、见面、一面之交。

“面”字作“麵”字的简化字。原先有个“麵”字，专指“粮食磨成粉及其他制成品”，后用“面”字作它的简化字，如面条、面包、面粉、面筋、炒面、发面、干面、挂面、拉面、米面、磨面、揉面、寿面、汤面、阳春面等。

“面”字借假指“部位、事物的外表或方面”，如背面、版面、布面、地面、封面、对面、反面、后面、门面、纸面、网开一面、眼观六面、八面威风。

“面”字也作姓氏用。

一回有牵连——面

却说民国年间，南京城南大石坝街有个名叫徐文才的中年人，他开了家茶叶店，生意不错，加上妻子贤惠，育有一儿一女，日子过得很滋润。在整个大石坝街上，人人美慕。

有道是，“人有悲欢离合，月有阴晴圆缺，此事古难全”。徐文才虽生活美满，但也有点小折腾，他手头宽裕了，便与一貌美女子好上了，用现在话说便是有了外遇。这小三逼他离婚娶她为正室。徐文才为此苦恼万分，拿不定主张，于是便向在文德桥摆测字摊的胡铁嘴求教。他与胡铁嘴沾亲带故，两人交情颇深，无话不谈。

胡铁嘴已是古稀之年，见多识广，他对徐文才的风流韵事耳有所闻。徐文才说罢来意，胡铁嘴叫他在布袋里拈个字。徐文才伸手摸出个“面”字，胡铁嘴反复看着，好一会，才自言自语道：“小兄弟呀，我懂得你的心思。你今日拈出个‘面’字，我只能就字说事，否则对不住你老弟。”

徐文才催问道：“尽管说，我听你的！”

胡铁嘴指着“面”字说：“这‘面’字看似由‘一’与‘回’字组成，这就是‘一回有牵连’呀。一对夫妻，一生只应一次婚姻，千里姻缘一线牵啊。俗话说，前世修得八百次回眸，今生方得一次擦肩而过。你们夫妻十多年，有儿有女，缘分不浅哪。夫妻本是同林鸟，怎能一休了之呢？”

徐文才听了，唉声叹气，低头不语。

胡铁嘴又指着“面”字说：“这‘面’字外面是‘而’字框，里面是两短横一长横，你可看作是‘一’‘二’‘三’三个字。你夫妻二人一线相牵，合二而一为之‘面’，成为一对夫妻后，这就是正面之面，体面之面，全面之面。如若你一而再，再而三地离婚结婚，这里也有个‘面’，这个‘面’就指发妻远离，子女不认，家不成家了。你的后半生面临困境，到那时，你回味今日，就知道何为面目全非了，即便后悔，又有何用呢？”

这番话，说得徐文才额头冒汗，半晌站不起身来。

miáo

苗

生长在田地上的禾苗

小篆的“苗”字是个上下结构的会意字。上面是草字头，表示跟花草禾苗有关。下面是“田”字，表示是耕作过的田地。这两个字形组合在一起，指“在耕种的土地上长出的禾苗”。

楷书的字形由小篆演变而来，写作“苗”。

“苗”字的本义指“庄稼的幼苗”。

谷类作物的幼苗称“禾苗”。花的幼苗称“花苗”。麦类作物的苗称“麦苗”，还有树苗、秧苗、青苗、根苗、木苗、保苗、拔苗、育苗等。

“苗”字由本义引申指“某些初生的饲养动物”。如鱼苗、猪苗。还引申指“像苗的东西”。如火苗、矿苗、痘苗、苗头等。

小篆

苗

隶书

苗

楷书

“看苗头”和苗医生的头

以上标题似乎有点拗口，换句话，就是讲“看苗头”这句俗语和姓苗的医生之间的关系。

说到医药和医术，我们首先想到的是西医和中医，其实，在我国传统医药和医术中，还有一个重要的组成部分，便是民族医药和医术。藏、苗、蒙、维、傣、回等少数民族，都有他们独特的医药和医术，特别是西南的苗族，他们的医术和医药，更广为人知。

却说清朝顺治年间，上海城隍庙附近有位名医，姓苗，人们都喊他苗医生。请他看病，一贴药方开出来，你到药房抓药，药到病除，所以有“苗一贴”的美名，即一帖药就能治好病。

苗一帖给人看病，与中医不同。中医见到病人，有“望、闻、问、切”这一程序，医生要与病人交流，问明病情、症状，看看舌苔，闻闻气味，然后搭脉诊治。而苗一帖给人看病有个习惯，他从不开口。他一上来就将手搭在病人脉门上，再看看病人脸色、舌苔和眼睛，然后就盯着病人看，一手不停地撸着自己的山羊胡须，眼神专注，目不转睛，看得病人和陪同的家人大气也不敢喘，一个个头皮发麻。苗一帖就这样看着，沉思着。如果这个病他有把握治好，他就一边捋（lǚ）胡须，一边点点头；如果他无法治好，他就一边捋胡须，一边摇摇头。

凡到苗一帖这儿求医的人，都知道他有这一习惯，所以只要苗一贴伸出手来搭在病人脉门上，不管是病人还是陪同的家人，都盯着苗一帖的头看，要知病情轻重，能否治好，就看苗一贴是点头还是摇头，后来紧缩成三个字“看苗头”。

如今《现代汉语词典》有“看医生”条目，未收录“看苗头”一词，但有“苗头”条目，解释为“略微显露的发展的趋势或情况”。“苗”字的本义就是指植物初生的幼芽。从幼芽的长势也能看出庄稼的好坏。我们能不能把“苗头”二字中的“头”字，看作是庄稼幼苗的头呢？看幼苗的头预测庄稼的未来这也合乎情理啊。“看苗头”这俗语流行于苏南一带，特别是上海话用得最多，“轧（gá）轧苗头”便是一例。可见这一俗语，未必跟苗医生的头相关。

少女美妙

miào

妙

古代的“妙”字，是个左右结构的会意兼形声字。

右边的“少”字是声符，同时兼作形符；“女”字作形符，表明这个字与女子有关。

女子容貌美丽，表示美好，所以人们都喜欢美丽的女子。现在这位女子不仅美丽，而且是位少女，具有天真纯洁的美，这就更为美好，所以“妙”字的本义是“美好、美妙”，如妙不可言、妙龄、妙趣横生。

“妙”，由形容少女的美妙，引申为指美好的事物，这种事情有神奇之处，所以“妙”有奇妙、奥妙的意思，如莫名其妙、妙手回春、奇谋妙计、灵丹妙药。

金文

小篆

隶书

楷书

东晋·王羲之《集字圣教序》

唐·欧阳询《草书千字文》

女子好少女妙

明朝洪武年间，松江城外李家有个姑娘，不但貌美，而且很有文才。上门求亲的媒人几乎踏破了门槛。

李姑娘放出话来：“本姑娘喜欢吟诗作对，今日我出个上联，谁能对出下联，我就嫁给谁。”

家中父母视她为掌上明珠，也同意她这么做。

李姑娘把上联定好，挂在自家客厅的南墙上：

长巾帐下女子好，少女更妙。

懂联语的人一看便知，这是个拆字联。短短一句话，十一个字，折了“帐”“好”“妙”三个字。这上联有层次，有重点，最后突出“少女更妙”。

此联一挂，求婚者蜂拥而至，但没人对出下联。

一天，有个打柴的少年，从山上下来。他挑着一担柴从李家门前路过。他见李家大门开着，人进人出，很是热闹。他把柴放在门口，进去一看，原来是这么回事。

打柴少年对着李姑娘的父母弯腰施礼，说：“两位老人家，请听我来对下联。”

两位老人说：“请讲！”

打柴少年指指门外一担柴说出了下联：

山石岩前古木枯，此木是柴。

这下联十一个字，折了“岩”“枯”“柴”三个字。这下联以打柴为背景，有层次、有重点，突出了“此木为柴”。下联与上联对仗工整，真是妙不可言。

在楼上的李姑娘听了打柴少年的下联，连声称好，连忙下楼来与打柴少年相认了。

坐北朝南的宗庙

miào

庙

金文

小篆

廟
隶书

庙
楷书

金文和小篆的“庙”字，与繁体字“庙”字的字形相似。这是个内外结构的会意兼形声字。“广”是形，表示与房屋有关，“朝”是读音，也兼表义。

“广”，在上古时期，是一种三面有墙、一面敞开的房子，里面的“朝”字，在此表示早晨阳光从敞开的一边照射进来。两形会意，表示这是一座坐北朝南、南面无墙的大殿或厅堂。

“庙”，原本是“庙”的俗体字。汉字简化时借用为“庙”的简体字。有人认为，“朝”指“朝廷”。“广”与“朝”组合，意为朝廷里设置祖先牌位，以供祭祀的建筑。本义是“供俸祭祀祖先的处所”，即宗庙、太庙。在这儿，对“朝”的解释就不是朝阳照射了。看来，各有道理。

“庙”简化为“庙”，仍然是个会意兼形声字。“广”和“由”作形符，“由”兼声符。“广”表示与房屋有关，“由”，就是指根本原由，也就是根由，人的根本是祖先，表示与祖先有关，其本义也是指“供奉和祭祀祖先的处所”，原来也泛指“供奉神和佛的处所”，如关帝庙、土地庙、龙王庙。

现在常说的庙会，是指设在寺庙里或附近的集市，在节日或规定的日子举行。

还是回去做和尚——庙

从前有个游手好闲的汉子，名字叫杨怀兴。他剃了个光头，披了件袈裟假装和尚，四处行骗。

这天，杨怀兴来到江苏句容黄梅村一户人家化缘。户主罗老汉是个幽默风趣的人，一眼就看穿这中年汉子是个骗子，想教训他一番，便不动声色地与他攀谈起来。

杨怀兴天上人间，胡吹一通，罗老汉耐心地听着。

待杨怀兴说完，罗老汉说：“你的意思我明白，来化缘要钱嘛。我出个字谜，你猜对了，就给你钱。”说罢，一字一句念道：“一点一横长，一撇甩过墙。油水没捞到，回去当和尚。”

这杨怀兴胸无点墨，当然猜不出。罗老汉端茶送客，将他推出门外，说：“如果你真是个和尚，就回庙里去问问庙主，等问过了再来。”

骗子杨怀兴只好灰溜溜地走了。

其实，这谜底是个“庙”字。前三句说的是“广”字，后两句指的是“由”字，合起来就是“庙”字。最传神的是“油水没捞到”这一句，既说明“油”字没有水，是“由”，也揭穿了骗子的目的是骗钱财，捞油水。

用覆盖物将火熄灭

miè

灭

金文

小篆

滅
隶书

灭
楷书

古代的“灭”字，是个左右结构的形声兼会意字，这个字的笔画很多。左边是三点水，表明这个字与水有关，右边是“威”字，“miè”声，表示读音。本义指“火熄了”，如熄灭、灭灯、灭火。

也有人认为，古代的“灭”字其本义不是指“火熄了”，而是指“水消失了”。为什么？因为左边的三点水表示水，而右边的“威”是“灭”字的本字，是消失的意思，所以以“威”作音符并会意。

在这儿，我们还是把“灭”字的本义定为“火熄了”。

简化字的“灭”字，取自于繁体“滅”字声符当中的一个部分。这个“灭”字简化得妙极了，既简洁，又明了，更合乎情理。

简化后的“灭”字是个会意字。你看，上面那一横可算作是覆盖物，用这覆盖物将火源与空气隔绝，火也就熄灭了。今天人们在灭火时，除了用水，也采取树枝拍打、铲土覆盖或喷射泡沫的方法，都是用覆盖的方法，这就是“火”字上那一横所表示的意思。

“灭”字表示熄灭，火熄灭了，表示没有了，不存在了，所以“灭”有淹没的意思，这就是“灭顶”。

“灭”，还有使其不存在的意思，如消灭、灭亡、灭蚊、灭口、灭族。

毛笔放在“火”字上——灭

南宋时，吴渊、吴潜兄弟各以善战或政绩闻名，一直担任着要职，人称“大吴”“小吴”。

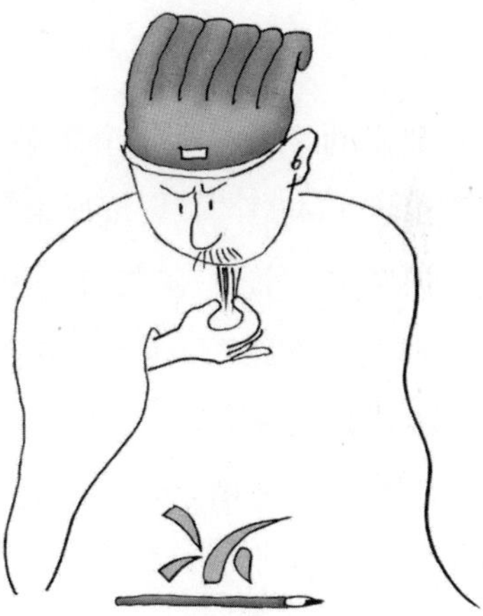

一天，皇帝听说民间盛传一首童谣：“大蜈蚣，小蜈蚣，想要飞天去食龙。”这是什么意思呢？

皇帝去问宰相丁大全。丁大全说：“大蜈蚣、小蜈蚣，恐怕指的是‘大吴’和‘小吴’吧？”

皇帝一听，吓得一哆嗦。这还了得，飞天食龙，分明是想造反呀！沉思片刻，他问丁大全该如何是好。丁大全看看左右无人，在纸上写了个“火”字，然后把笔往上一横，便起身告退了。

皇帝没弄明白这个“火”字是什么意思，想了一会儿，忽然一拍脑门：“毛笔横着乃是个‘一’，加在‘火’上是个‘灭’字啊，原来丁爱卿是让我灭了吴氏兄弟！”

不久，皇帝便找个借口，将“大吴”就地免职，将“小吴”发配云南。后来丁大全倒台了，才有人披露，那首使吴氏兄弟遭致猜疑的童谣，正是丁大全故意编造的，他是借皇帝之手，乘机铲除了两个心腹之患。

我们听这个故事，津津有味。可有没有想过，两宋时期，没有这个简化字“灭”啊？看来，这个故事是后人编造的吧？

刺瞎左眼的奴隶——民

mín

民

甲骨文

金文

小篆

民
隶书

民
楷书

金文的“民”字是个象形字。字形像一只眼睛被一支箭射穿的样子，指这个人是“战俘或奴隶”。

据学者考证，金文的“民”字，其字形应为像锐物刺左目之形状。古代俘获敌人，就将其左眼刺瞎，作为奴隶使用。这一字形就表示“战俘和奴隶”。

小篆的字形由金文演变而来。楷书的字形由小篆演变而来，写作“民”。

“民”字的本义指“奴隶”。由本义引申指“被统治的人”，到了后世就泛指“人民、百姓、人类”。如人民、民众、全民、黎民、国民、公民、民主、民族、安民、民意、民选、民生、民国、警民、民法、民愤、民情、平民等。

“民”字由“人民”引申指“民间的”。如民办、民房、民歌、民俗、民团、民谚、民谣等。

“民”字又引申指“某种人”。如民工、居民、牧民、难民、移民、侨民、市民、顺民、选民、渔民、灾民等。

“民”字还引申指“非军事的”。如民航、民事、民用等。

李世民与“世代”“人民”

我们今日常说的一些词，脱口而出，烂熟于心，其实这些词中，有不少跟避讳有关，是当初为了避讳皇帝名字的一些字而产生的双音词。如邦国、通彻、开启、城墙、修长、师傅、治理等，这些词都跟避讳有关。

在我们常用的词汇中，恐怕要数“人民”二字使用率最高，知道的人最多了。有谁不识“人民”二字呢？自己就是“人民”中的一员啊。另外，“世代”一词也是再熟悉不过的了。这两个字也是因避讳而产生的。

唐太宗是中国历史上颇有盛名的帝王。他在位二十三年，这二十三年间，国泰民安，史称“贞观之治”，唐太宗功不可没。

唐太宗名李世民，是唐高祖李渊的小儿子。他靠玄武门之变，除掉了两个哥哥，坐上了皇帝的宝座。李渊无奈，称为高祖，当个太上皇享清福去了。这些精彩的历史故事，自有史家们去演绎，我们这里讲的，只是两个跟唐太宗有关的双音词。

根据中国避讳的习俗，唐太宗李世民三个字，要避讳“世民”二字。朝廷大臣及众多文人学士，经一番寻找议论，终于为避讳这两个字，找到了最相应的替代字。在唐史中，凡提到“世”字，均以“代”字来代替。“代”字的本义提“代替”。由本义又引申指“世系的辈分”，由此又引申指“历史的分期”。而“世”字本义指“三十年为一世”，泛指一个时代，这样说，“代”字与“世”字就有许多相通的地方，“代”字就代替了“世”字，在后来使用的过程中合成了双音词，称为“世代”。

以什么字代替“民”字呢？“民”字本义指“奴隶”，后来引申指被统治的人，也指某种人。而“人”字的本义就是指能制造工具、改造自然的高等动物，这是个象形字，字形就像一个面朝左站着的人。“人”字与“民”字是相通的，所以用“人”字来代替“民”字，使用久了，也便合成了双音词“人民”。

就因避唐太宗一人的讳而形成后世响当当的名词“世代”和“人民”。

吊唁人在门口——闵

mǐn

闵

金文

小篆

隶书

楷书

小篆的“闵”字，是个内外结构的形声字。外面的“门”字是形符，表示与自家的住所有关，因为门是家人进出的地方；“文”字作声符。“闵”字的意思指家里有人去世，亲朋好友前来吊唁，这些人聚集在门口。

古代的“闵”字写作“㥸”。这是个上下结构的形声字。上面的“民”字是声符，下面的“思”字为形符。后来这个字被“閔”字取代，又简化为“闵”。

“閔”字的本义指“吊唁的人在门口”，也有人认为，“闵”字的本义指“凶丧的事”，其实，这两种说法是一致的，把两句话连在一起讲就更为完整了。

家里有人去世了，死者家属是很悲伤的。前来吊唁的人都表示同情，讲些慰问关心的话。根据这种特定的情景，所以“闵”字就有哀怜的意思，也有表示忧伤、悲痛的意思。这就是我们常说的同情、怜悯。可见，这“闵”字是后来出现的加了个竖心旁的“悯”字的本字。“悯”字专门用于同情怜悯，如悯惜、悯恤、其情可悯。

现在的“闵”字只作姓氏用。

文书进门来吊唁——闵

清朝乾隆年间，江苏金坛小南门有个人叫闵子健。他老母一病不起，闵子健连忙去药房抓药，给母亲治病。

闵子健刚出家门，迎头撞上在县衙当文书的朋友赵海，赵海是来探望他母亲的，见闵子健要去抓药，便陪他一块儿去，待抓药回来，赵海又陪他到测字名家周洪亮家求测一个字，看凶吉如何。

两人坐下，周洪亮问："先生贵姓？"闵子健答道："免贵姓闵。"周洪亮听了，皱皱眉头，说："不必多说了，你快回家为病人煎药吧，明日我与你细谈。"

第二天，闵子健赶到周洪亮家，求问详情。

周洪亮拿出早已写好的"闵"字说道："昨日有你我的熟人赵海在场，我不便细说。我猜想，你出门时，正巧碰上赵海。这是巧合，还是天意？赵海是文书，文书进门，乃是个'闵'字，你又偏偏姓闵。这文书进门，并非贺喜，乃是吊丧而来，只是提早了几天。看来，你家中有病人，且病得不轻。"

闵子健听了，既焦急，又伤心，忙问："确有病人，乃我老母，先生，不知她能否康复？"

周洪亮摇摇头，指着"闵"字里的"文"字说："'闵'字里这个'文'字，像个不成形的'女'字，人已不成形，看来无灵丹妙药可救了，你回家早点为她准备后事吧。"

闵子健听了这番话，付了一笔钱，垂头丧气地回家了。

其实，周洪亮善于察言观色。他见闵子健拎着药，又那么焦急，早已算准他家有重症病人啦，再借"闵"字的字形和正巧碰到文书，这才说得滴水不漏。

mǐn

抿

小篆

抿

隶书

抿

楷书

轻轻地抚摩——抿

“抿”字可能出现得比较迟。甲骨文、金文中都没见过。小篆的“抿”字是个左右结构的形声字。左边的提手旁表示跟手的动作有关，右边的“民”字作声符，读“mín”。两形合一，表示用手抚摩，也就是轻轻地抹（mǒ）。在小篆中，也有写作“捪”的，这也是个形声字，提手旁为形符，“昏”字作声符。隶变后的楷体写作“抿”。

其实，这“抿”字也可看作是形声字兼会意字。古人之所以用“民”字作“抿”字的声符，是因为“民”是易于接受抚慰的众人，所以用“民”字作声符并会意。

“抿”字的本义指“轻轻地抚摩”。

“抿”字由本义引申指“闭住、合拢”。作为动词使用时，指动物的嘴、耳朵、翅膀稍稍合拢、收敛起来，如小兔子奔跑了一会，两耳向后一抿，停了下来；水鸟一抿翅膀，钻入水中。

“抿”字也用来形容人的笑容，如他抿着嘴在笑。

“抿”字也指用小刷子蘸水或油抹头发，如抿了抿头发。这小刷子称“抿子”，也称“篦子”。

“抿”字在人们口语中也常用到。在酒桌上或日常生活中，嘴唇轻轻地沾了一下碗或杯子，略微喝一点儿，这就是“抿了一口”。

“抿”字还用来表示模仿之义，指照着样子描摹。不过，现代人已很少用到了，所记得的，大概就是“抿一口酒”了。

"抿"嘴一笑泯恩仇

上个世纪六十年代中期，一场号称"史无前例的无产阶级文化大革命"席卷中华大地。这场政治运动，前后经历十年，史称"十年动乱"。

这场动乱，不仅把中国的经济推向崩溃的边缘，也使全国人心涣散，道德沦丧。人与人相互恶斗，视为仇敌，即便是至爱亲朋、同窗好友，也说不准反目成仇，拼得你死我活。不知有多少人就葬身在同胞的刀枪棍棒之下，成了冤魂。

当年的中学生，除了家庭出身不好的，大都被称为"红卫兵小将"。他们是文化大革命的急先锋，破四旧、斗阶级敌人、搞打砸抢都由他们充当。这些乳臭未干的少年，革命热情高涨，对自己的所作所为，不以为错，不以为耻，反而引以为荣，充满自豪。

当年无锡市第二中学有位高中三年级的学生，名叫钱成真。他聪颖过人，品学兼优，是同学老师心目中的优秀生。

钱家在无锡是名门望族，不乏学者名流，有的曾是达官贵人。这些人，在文化大革命中首当其冲，有的被揪斗、游街，有的被毒打致残；有的自杀或被逼疯。钱成真的父亲就是被迫害致死的，而参与迫害的红卫兵中，就有他的同班同学姜锡生。

岁月悠悠，弹指一挥，近五十年过去。近五十年来，钱成真最不愿想到、最不愿见到的就是姜锡生。无锡城就这么大，偶尔在街上碰到，钱成真也是视而不见，只当不认识。

今年，同班同学入校五十年庆典，大家齐聚在聚丰园饭店促膝相谈，开怀畅饮。来者大都白发苍苍，年近古稀。钱成真是位特级语文教师，退休后钻研汉字，著书立说。席间，忽见垂垂老矣的姜锡生，由一位同学搀着，颤颤巍巍地走来，对着钱成真，老泪纵横地说："钱兄，我对不住你，几十年来，我心里一直在滴血，老了，请原谅我。"

钱成真被姜锡生的真情所打动，他拉着姜锡生的手说："锡生，不必多说，那一页已经翻过去了。古人说，'相逢一笑泯恩仇'，你今日这番话，倒使我想到一个'抿'字。你我应该抿嘴一笑，抿酒一口，泯掉当年心疼事！"说罢，两人端起酒杯，一饮而尽。

水消失干涸——泯

mǐn

泯

古代的“泯”字是个左右结构的形声字。左边的三点水作形符，表示跟水有关。右边的“民”字读“mín”，作声符。

“民”字与“三点水”的“水”字相组合，指“水已消失，一片干涸（hé）。”

楷书的字形在隶变后写作“泯”。

“泯”字的本义指“像水一样消失干涸”。

泯字由本义引申指“像水一样消失、消灭”。形迹或印象等消灭称“泯灭”。

形迹、功绩等消失或消灭称“泯没”。

“良心未泯”，指良心依然存在，没有丧失。

小篆

泯
隶书

泯
楷书

“民族”“民生”和“泯族”“泯生”

中国的大禹治水，《圣经》故事中的“诺亚方舟”，都是讲人类被洪水所吞没的故事。所以“泯”字有消灭和丧失的意思。这里讲个跟“泯”字有关的对联故事。

1940年3月，正是中国人民抵抗日本侵略军最艰苦的时候，汪精卫在日本扶持下，在南京成立了汪伪政权，当了日本侵略军的走狗，干起了卖国求荣的勾当，为世人所唾弃。

1941年除夕之夜，汪精卫在伪国府大厅举行团拜会，还恭恭敬敬地叩拜了日寇驻南京总顾问。团拜结束后，他回到颐和路的寓所已是深夜了。这时，也许日本主子对他又许了什么愿，他兴致很高，令秘书为他铺好红纸，他要仿效明太祖朱元璋，写一副对联贴在门口，以示“与民同乐”的帝王气派。秘书收拾停当，汪精卫提起笔来，却因没想好句子，没法落笔。他老婆陈璧君看到他为难的样子，便提醒道：“新立政府，你就写点三民主义吧。”汪精卫受到启发，沉思了一会，提笔便写：

立民族民权民生之宏愿，开为党为国为公之大业。

当时在场的幕僚、侍从、秘书及亲友等人，都附和着鼓掌叫好。陈璧君也得意洋洋，命人将这副对联贴到大门上。

当晚是除夕，警卫人员在岗亭里睡着了。正巧有位靠写字卖春联为生的老人路过这儿，他一见汪府门上这副对联，不由怒火中烧。他是位从东北流亡到南京的中学教师，极有文才。他见四下无人，立即抽出口袋里的笔，在上联三个“民”字左边各加了三点水，又在下联“为”字左边各加了个单人旁。于是原先的对联变成了：

立泯族泯权泯生之宏愿，
开伪党伪国伪公之大业。

“民”与“泯”，“为”与“伪”的意思大不一样，“泯”指灭亡丧失之义，“伪”是“虚假”“伪装”之义，这位流亡的中学教师，他以非凡的勇气和高深的才学，巧妙地动了两个偏旁，便揭示了汪精卫卖国求荣的丑恶嘴脸。

mǐn

闽

小篆

闽

隶书

闽

楷书

蛇作图腾的民族——闽

小篆的“闽”字是个上三包围结构的形声字。

外面是个“门”字，读“mén”，作声符。“门”字里面是个“虫”字。“门”字表示屋子里。门内有虫，说明这“虫”很多、很普遍。能在门内也非同一般。

甲骨文的“虫”字是个象形字，像一条长蛇形，金文线条化，小篆使其整齐化，隶变后的楷书写作“虫”，如今又是“蟲”字的简化字。

“虫”字为古代对一切动物的总称。连老虎也称“大虫”。蛇称“长虫”。

门内有蛇，这是蛇图腾的象征。原始社会的人认为跟本氏族有血缘关系的某种动物或自然物，一般用作本氏族的标志，表示对它的敬畏。南方天热潮湿，蛇多且毒，伤人无数，可能先民们对它既恐惧又希望能受到它的保护。

也有人认为，这地方的部族因蛇多而出名，因此地名为“闽”，即今日福建一带，所以“闽”是福建的简称。

“闽”字的本义是古代族民。现作福建别称，常用的词如闽菜、闽剧、闽南话、闽江等。

门内爬出一条蛇——闽

唐朝末年，民不聊生，农民纷纷揭竿起义。山东菏泽的盐贩子黄巢，加入王仙芝的起义队伍，转战于山东河南一带。第二年，王仙芝接受唐朝政府的招安，遭到起义军众将领的反对。黄巢因能征善战，在起义军中崭露头角，已成为这支起义军主要战将，他痛斥王仙芝的背叛行为，并与他分道扬镳，带领一队人马，独自为伍。

五年后，王仙芝战死，余下的队伍都归顺了他，壮大了他的实力。同年，他被推举为王，号称“冲天大将军”，年号为“王霸”，设置官府，称霸一方。随后，黄巢率十万大军，渡过长江，从江西进入浙江，想由此进入福建，再挥师南下，夺取广东和广西，扩充自己的地盘。当十万大军来到浙江江山仙霞岭一带，却不得不停了下来。因为这儿崇山峻岭，森林茂密，行人无法通过。

于是，他下令十万大军，开山筑路。仙霞岭山高林密，地处浙江、江西、福建三省交汇处，有“鸡鸣闻三省”之称。这条路，从哪个方向开辟才能前往福建呢？若是偏离了方向，有可能开往江西或回到浙江，那岂不耽误了战机，白花了劳力？若搞错了方向，必落得进退两难，死路一条。

在万般无奈之下，黄巢不得不求助于神灵。他召来一些术士，在山脚一座古庙门前，设立祭坛，摆下香烛和三牲，向苍天祭拜，请求指点。正当黄巢跪地祷告时，他微微抬头一看，只见从小庙的门缝里，游出一条小青蛇来。他见了，心头暗喜：啊，苍天发话了，向这个方向开路，肯定是通往福建。因为福建自古简称为“闽”。“闽”字是门内有虫。虫，也指长虫，是“蛇”的别称。眼下从庙门游出一条蛇，不就是暗示这是“闽”字么？无疑，眼下拟定的方向是通往福建的。

黄巢得到这一启示，下令十万大军，以此方向日夜开山筑路，前后花了两年时间，终于从浙江江山的保这乡，开通了前往福建建州七百里的通道。随后，他从仙霞关出发，挥师南下，把唐僖宗赶到四川，自己在长安建立了大齐王朝。由此看来，他所开辟的那条七百里古道，几乎成了黄巢成就霸业的大道，如今人们走在这条古道上，还在讲着庙门里爬出一条蛇来的故事，由此也成就了“闽”字相关的这则民间故事。

mǐn

悯

小篆

悯

隶书

悯

楷书

心中有忧愁——悯

古代的“悯”字，是个左右结构的形声字兼会意字。左边的竖心旁是形符，表示跟人的心理活动有关。右边的“闵”字是声符，读“mǐn”。这两个字形组合在一起，指“心中有忧愁”。

古代的“閔”字是个形声字。“門”字是形符，“文”字是声符，两形合一，表示登门吊唁慰问。隶变后楷书写作“閔”，如今简化为“闵”。本义指“吊唁”。去吊唁死者的人心情是悲伤痛苦的，所以古人用“闵”字作“悯”字的声符。这“闵”字就是“悯”字的本字，是后来加了个竖心旁才成为“悯”字的，所以“悯”字用“闵”字作声符并会意。

“悯”字的本义指“忧愁”。如悲伤、怜悯称为“悲悯”，把悲伤、哀怜的心情称为“悲悯情怀”。

“悯”字由本义引申指“怜恤”。如对遭遇不幸的人表示同情称“怜（lián）悯”，如怜悯之心、其情可悯。

对社会的腐败和人民的疾苦感到愤怒和不平，这就是“悲天悯人”。

你的“闵”字没有心——悯

这天，梁溪谜语研究会的几个人，聚集在会长马汉文家讨论几个字谜的谜面，以供晚报文娱版选用。小陶收集了不少资料，认为“悯”字是个不常用的字，但文雅、有情感，而且有个现成的，加工一下就可用了。老马说：“说来听听。”

小陶说：“谜面是‘一心关门写文章’，扣‘悯’字。”

赵纪方说：“这个倒也可以，但关门不如开门或进门。改成‘作文入门要用心’，怎样？”周其良说：“受你这句话启发，我看索性通俗形象些，改成‘站在一旁心里想，进门必有好文章’。”众人听了，都说这个好，于是定下了。老马半天没吭声，他想到了个谜语故事，讲出来请大家把这故事编写得更完美些。

这是几十年前的事了。那时十年动乱刚结束，老马大学毕业，在中学当语文教师，后来被借调去编中学语文教材。有一次，在讨论一篇文章该不该入选时，发生了争论，因为文章中有个成语“悲天悯人”。有人提出，这个成语不好，有资产阶级倾向。马汉文据理力争，认为这个成语指关心别人，同情别人，帮助别人，有什么不好？他还举例说，他母亲在兵荒马乱的年代，烧了一大锅粥，救济过逃荒的人呢，这就是“悲悯情怀”啊。

他的发言，引来语文组长老闵的批评。老闵以教训的口气说：“小马，我姓了一辈子闵，‘闵’‘悯’同音同义，这我还不懂吗？你讲的那些，是小题大做，没有阶级斗争观点。”

马汉文听了，很是生气，但他咬紧牙，强忍了。会议结束时，他装出一副漫不经心的样子对闵组长说：“闵老师，我说的‘悯’字，跟你姓了一辈子的‘闵’字不一样。我说的‘悯’字左边有个竖心旁。你那个，没有心！”

众人听罢，都说这是个极好的汉字故事，但怎样改编成谜语故事呢？还得动番脑筋呢。

mǐn

敏

甲骨文

金 文

小 篆

敏

隶 书

敏

楷 书

女子动作快捷灵敏

“敏”字是个左右结构的形声字兼会意字。右边的“手”字写作“攵”，表示跟手的动作有关，以此作形符。左边的“每”字作声符兼表意。每读“měi”。这两个字形组合在一起，表示妇女做事迅速麻利的意思。

古人为什么用“每”字作“敏”字的声符呢？这有两种说法。

一种说法认为，“每”字有“重复不断，动作迅速之义”，如“每每”就有多次重复之义，“每常”也有“常常”之义，这里也含有动作“敏捷”的意思，所以古人用“每”字作“敏”字的声符并会意。

还有一种说法，认为“每”字像女子用手在整理头发的样子，而这一动作是十分麻利迅速的，所以用“每”字作“敏”字的声符兼表意。

金文的字形由甲骨文演变而来。小篆的字形由金文演变而来。楷书的字形由小篆演变而来写作“敏”。

“敏”字的本义指“迅速快捷”。如聪明、机警称“机敏”、“聪敏”，聪明有智慧称“敏慧”，感觉灵敏、眼光尖锐称“敏锐”，动作思路等迅速而灵敏称“敏捷”，生理上或心理上对外界事物反应很快的“敏感”。

“敏”字也作姓氏用。

林黛玉避讳“敏”字

避讳的习俗，在中国流传两千多年，盛行时期，简直就成了法规，谁不遵守，轻则受人批评，遭人耻笑；重则受责罚，如触犯了帝王的避讳，就有杀头之罪。

对避讳，人们大都是自觉遵守的。在明清话本小说中，都有所描写，人们可从中见识见识讳避之风俗，究竟是何样式。

在《红楼梦》中，林黛玉也是曹雪芹重点刻化的人物，这一鲜活形象，不知迷倒了多少痴情读者。在《红楼梦》第二回“贾夫人仙逝扬州城，冷子兴演说荣国府”中，有段描写，跟我们要讲的“避讳”有关。

贾雨村，称得上是林黛玉的家庭教师。有一天，贾雨村在一家酒店，与好朋友冷子兴相遇，两人便点了几样菜，坐下喝酒。闲聊时，说到林黛玉的母亲。冷子兴说：“目前你贵东家林公的夫人，即荣府中赦政二公的胞妹，在家时唤作贾敏，不信你回去细访可知。”

贾雨村听了，拍手笑道：“是极，我这女学生名叫黛玉，她读书凡‘敏’字，她皆念作‘密’字，写字遇到‘敏’字，亦减一二笔，我心中每每疑惑，今听你说，是为此无疑矣。”

这段对话，可看出当时人们对避讳习俗的态度。《红楼梦》是一部小说，有创作成分，但它是写实作品，它所反映的社会情景，风俗民情以及人们的生活习惯，应该是真实可信的。

但这段描写，有一处还是令人难解的。林黛玉为避母亲名字之讳，不读“敏”字，而读谐音“密”字，这无妨。但写“敏”字时，“亦减一二笔”。若问一个完整的“敏”字，若减一二笔，还成什么字呢？不如写个“讳”字代替了。

míng

名

甲骨文

金文

小篆

隶书

楷书

夜晚喊他人名字

在甲骨文和小篆中，“名”字是个会意字。

“名”字的左上方是半个月亮，右下方是一个“口”字，这半个月亮就是如今的“夕”字，夕表示黑暗，口表示吃饭、讲话。

这两个字结合在一起，怎么就表示“名”呢？要知道，在远古时代，许多动物、植物是没有名称的。只有人类，为了相互区别，才有了名字。

在黑暗中，人们为了互相联系，往往大声呼叫对方的名字，对方就报出自己的大名，表明自己的方位。古人就因为这个道理，造出了“名”字。你仔细想一下，这确实合乎情理啊。“夕”，表示夜晚；“口”，表示用嘴呼喊，喊什么？喊名字。这样，“名”字就应运而生了。

“名”字的本义是“命名”，后转义为表示人或事物的称呼，如：姓名、书名、地名、校名。

在姓名中，有些人成绩突出，很有威望，所以“名”有声望的意思，如名望、名声、举世闻名。有名的，如名人、名山、名著、名言、名产。

“名”字有说出的意思，如莫名其妙、不可名状。

“名”字也作量词用，如一名代表、十名军人。

北魏·邓道昭《邓文公下碑》

唐·怀素《自叙帖》

“名”字三测

乾隆年间，大才子纪晓岚因事获罪，锒铛入狱。由于他的罪名还没有最后定下来，所以整天关在牢里，度日如年。

一天，纪晓岚无意间得知，看守他的老狱吏善于测字，于是便写了一个“名”字，想让他测测自己前景如何。

老狱吏看了看，胸有成竹地说：“‘名’字上‘夕’下‘口’，太阳落在西边就是‘夕’，而‘口’则像国家的疆城，比如关口、口岸，以此推断，你恐怕要发配到边远的西域关口去喽。”

纪晓岚又问自己将来能不能遇到皇上大赦。老狱吏想了想，说：“‘名’字的形状既有点像‘君’，又有点像‘召’，我估计你会被君主召回来的。”

纪晓岚越听越有兴趣，忍不住问他遇赦的时间。老狱吏笑了起来，说道：“‘名’字下为‘口’，‘口’是‘四’字的外围，又是‘回’字，但外围当中却少了两笔，由此可见，你遇赦返回的时间不会超过四个年头。”

不久，纪晓岚被定了罪，发配到了边疆，后来果真没满四年，就又被皇帝召了回去。

故事说得神奇又准确。问题在于，果真是事前预测的，还是事后编造的？看来只能一笑了之，不必细究，因这位老狱吏把“名”字拆得这么生动有趣，这就足够了。

日光加月光更加明亮

míng

明

甲骨文

金文

小篆

明

隶书

明

楷书

甲骨文的“明”字，是个左右结构的会意字。左边的“月”字表示月亮，右边的“日”字表示太阳。日月并悬于天空时，天地会更加明亮，也可以理解为，白天有日光，晚上有月光，日夜都明亮。“月”的本义是“明亮”。

一般说，日出东方，月在西方，日月的位置，每隔半个月会有规律地变化交换。这种变化，也许牵涉到在“明”字中“日”和“月”左右位置的变化。后来，人们把“月”字放在右边，“日”字放在左边，成了今天的“明”字。

小篆的“明”字也是个会意字。它的左边是“囧”字，读“jiǒng”，这个字像窗户，也就是“窗”，右边是“月”字，表明月光从窗户里照进来，屋子里很明亮，它的本义也是“明亮”的意思。

“明”，表示亮。太阳出来了，天明了，这就是明亮。灯火发光，照得一片光明，这就是灯火通明。

由于明亮，人们都能看到，无处隐蔽，所以“明”有“公开”的意思，如明文、明显、明说。既然明说了、明显了，也就是懂得了，清楚了，所以“明”就有明白、明了、说明的意思。

因为明白、明了，所以明有有视力、看得清的意思，如心明眼亮、失明。又因为看得清、判断准，所以称为英明、聪明、明智、精明。

“明”，还有“第二”的意思，如明年、明日，也就是第二年、第二天。

有些人很出色、很耀眼，称为“明星”。

一月日边明

我国古代，不管民间百姓还是皇亲国戚，都喜欢玩拆字成联的游戏，其中，以金朝章宗皇帝和李贵妃的那副佳对最有名。

一次，章宗皇帝兴致勃勃地对李贵妃吟出一联："二人土上坐。""二人"和"土"字拼合成一个"坐"字，要写出相对的下联相当不容易，但这并没有难倒聪明的李贵妃。

李贵妃略一沉思，应声对道："一月日边明。"这佳句不但与上联对仗工整，而且喻意恰当，"日"边加"月"是一个"明"字，她是把君王比喻为天上的红"日"。

自从李贵妃对过此联，更是深得章宗皇帝的欢心了。

赏罚分明

míng

鸣

鸡会按时叫鸣

“鸣”字是一个会意字。在甲骨文中，“鸣”字的左边是一个“口”，右边是一只鸡的象形，这只鸡高仰着头，好像在鸣叫。

到了金文中，这只鸡的形象开始朝着文字的一笔一画方向发展，已经不再是甲骨文中的图画一样的形状了。在小篆中，我们很明显地看到，“鸣”的右半部分是一只鸣叫的鸡的样子。

随着汉字的发展，慢慢地，右边就写成了“鸟”字，所以“鸣”字的本义是指“鸡叫”。

这里有个疑问：能够发出声音的动物很多，为什么单单选择鸡的叫声呢？原来，在远古时代，人们没有钟表记时，而公鸡出于它们的习性和本能，每天准时报时，被人们奉为神鸟，所以选择了鸡叫声。

在现代汉语里，“鸣”就泛指鸟兽或昆虫的叫声，如鸟鸣、蝉鸣。

我们也把发出的某种声音叫做“鸣”，如雷鸣、鼓鸣、孤掌难鸣。

“鸣”也可以用来表达或发表某种情感、意见或主张，如鸣谢、鸣放。

甲骨文

金文

小篆

隶书

楷书

宋·黄山谷《松风阁诗卷》

明·祝允明

无鸟怎能鸣

有关“鸣”字，有这么一段故事。

上世纪八十年代，上海一家语文刊物新开辟了一个叫《争鸣》的栏目，专门发表有关学术问题的争论意见，内容丰富，新意迭出。但栏目的标题上，却将“争鸣”的“鸣”字印成了“呜”字，这“呜”字与“鸣”字只相差“鸟”字当中的那一点，但意思却相差十万八千里，所以弄得人啼笑皆非。

有一天，这家刊物邀请一位著名学者在“争鸣”栏目上发表一点见解，这位学者回信写道：“无‘鸟’怎能‘鸣’，贵刊这一点之差，使热烈的争辩讨论变成了竞相呜咽，抱歉，本人实在不敢去蹚这滩浑水。”

一个错字，毁了一个刊物的好名声。

一鸣惊人

铸在钟鼎上的铭文

míng

铭

“铭”字是个左右结构的形声字兼会意字。左边的金字旁是形符，表示跟金属有关。右边的“名”字读“míng”，作声符并会意。这两个字形组合在一起，指“浇铸在钟鼎上，用来记叙功德，扬名后世的文字”。因钟鼎都是用铜铁合金制作的，所以用“金”字作形符。

古人为什么用“名”字作“铭”字的声符呢？因为铸在钟鼎上的文字，都是歌功颂德，用来扬名后世的，所以“铭”字用“名”字作声符并会意。

楷书的字形是由小篆演变而来，写作“銘”，现简化为“铭”。

“铭”字的本义指“刻在器物上，用来记述生平事迹和功德，以及警惕自己的文字”。如铸在钟鼎上面或刻在器物、石碑上面记叙功德的文字称“铭刻”，也称“铭文”。墓志铭，座右铭都是此文。

“铭”字由本义引申指“深刻牢记”。如深深地记在心里称“铭记”。深刻地记在心中，感激不忘称“铭感”。“铭心”“刻骨铭心”都是这个意思。

金文

小篆

銘

隶书

铭

楷书

座右铭

大家都知道“座右铭”这个词的含义。它指写出来放在座位旁边的格言，大多是用来激励自己或警示自己的名人名言，也可以是诗句或谚语，一般放在座位右侧，所以称为“座右铭”。

说到“座右铭”，不能不提到“铭”。“铭”是指在器物上、石碑上记叙历史事迹或名人功德的文字。这些文字大多刻在石碑或石壁上，也有用浇铸的工艺，铸在铜器、铁器上，如钟、鼎之类。由此可见，铭有两种含义，一是指在器物上、石碑上记人记事歌颂功德的的文字。如“金铭”“墓志铭”。二是激励自己的文字，如“座右铭”。

说起“座右铭”的来历，还有一段有趣的故事呢。据古书记载，东汉年间，有个人叫崔瑗，是当时的官吏，也是位文学家、书法家，他精通天文、地理、历法、数学，四十多岁才当上官，仕途坎坷。崔瑗虽属文人，但性情暴躁，常意气用事。他的哥哥崔璋被人杀了，他为哥哥报仇，一怒之下，将仇人杀了，他被捕入狱，为自己作辩护，直到朝廷特赦，才返回故乡。他为此后悔不已，后来写了篇铭文，告诫自己今后行事切不可过于鲁莽，并将这篇文章放在座位右边，时时提醒自己，后人把这样的文字称为“座右铭”。

那么，“铭”到底是什么呢？据专家考证，最初的“铭”并不是刻写的文字，而是一种盛酒的器皿，说来又有一段故事。

春秋时期，齐国人为纪念国君齐桓公，为他造了座庙，里面摆放着一种装酒的器皿叫“攲”，这个字读“qī”，本义指“倾斜，歪斜”，后来也作名词用。相传孔子曾带着弟子前来拜庙，它指着案桌上摆着的攲说：“攲器空着的时候就歪斜着，等到将酒或水之类倒进去一半，这攲就会由倾斜而直立起来。如若酒水将攲装满，攲就又会歪倒倾斜，只能恰如其分地装一半，正因如此，齐桓公总是把这攲器放在他座位的右边，用来告诫自己，凡事不可过份，不可骄傲自满。”从孔子对弟子所说的这番话里，我们可以看出，最初的“座右铭”，原来是一种“物铭”，与攲器有关啊。

míng

暝

小篆

暝
隶书

暝
楷书

日光被遮天色暗——暝

“暝”字是个左右结构的形声字兼会意字。左边的“日”字作形符，表示跟日光太阳有关。

“暝”字右边的“冥”字读“míng”，作声符并会意。

“日”字与“冥”字组合，指日光被遮挡，天色昏暗。

因是指天色昏暗，这跟日光有关，所以古人用“日”字作冥字的形符。

古人为什么用“冥”字作“暝”字的声符呢？

甲骨文的“冥”字是个会意字，上面是个“秃宝盖”，表示“蒙覆、遮盖”。里面是星星或月亮。下面是“廾”，这个字读“gǒng”，像两手对拱捧东西的样子，本义是“两手捧物”，是“共”字的本字，最早的“共”字。在“冥”字中表示“天空像用布幕蒙覆住一样昏暗，只闪着星月”，指夜已深沉。小篆将星月变为“日”字；将“双手”变为“六”字。隶变后的楷书写作“冥”，本义指“深夜”，后来引申指“昏暗”，又引申指“苦思冥想”，还引申指“头脑糊涂，冥顽不灵，又引申指人死后的阴间冥府。”后来“冥”字为引申义所专用，古人就在“冥”字左边加义符“日”字写作“暝”，专门用来表示“天色昏暗”。由此可见，“冥”字是“暝”字的本义，是最早的“暝”字，所以古人用“冥”字作“暝”字的声符并会意。

隶变后的楷书写作“暝”，本义指“昏暗”。如昏暗、幽暗称“幽暝”，日暮、夜晚称“日将暝”。

“瞑”和“死不瞑目”

“瞑”字作动词用，指闭眼。如死不瞑目。成语“死不瞑目”，指死了也不闭眼，表示有心事放不下或目的未达到，死了也不得安心。这里的“瞑”字就是表示闭上眼睛。

说起这一成语的出典，有段历史人物故事。

这个成语，出自《三国志·吴书·孙坚传》。

孙坚是东汉末年江东豪强，字文台，吴郡富春人，即今日浙江富阳人。据说是古代军事家孙武的后代。孙坚年轻时当过县吏，曾组织地方武装镇压过黄巾军起义，后来担任过长沙太守。

公元189年，董卓立汉献帝，其实这是个傀儡皇帝，朝政大权全在董卓手中。一切任凭董摆布。董卓贪暴专横，倒行逆施，为所欲为，朝野上下，皆敢怒不敢言。

孙坚因参与割据战争，拥有较强兵力。他对董卓的恶行忍无可忍，便联合军阀袁术等地方武装，声讨董卓，并共同出兵，向京城进发，攻打董卓。董卓知道孙坚勇猛善战，自己难以招架，便派出一位名叫李傕“jué”的部将，前往长沙，向孙坚求和，并以结亲家这类手段来诱惑孙坚。孙坚听罢李傕的来意，不由大怒，义正词严地怒斥道：“卓逆天无道荡覆王室，今不夷汝三族，悬示四海，则吾死不瞑目。”

孙坚这番话的意思是：董卓逆天意行事，残暴无道，荡覆王室，胡作非为。我与他不共戴天。这次讨伐他，如果我不能灭他三族，即使我战死也闭不上眼睛。

李傕听了，只好乖乖地走了。

后人将孙坚说的“死不瞑目”作成语流传下来。用以表示不达目的，死不罢休的决心。

后来，孙坚在湖北襄樊交战中被敌方射死。他的儿子孙策和孙权继承他的遗志，最终创立了吴国，成为一方霸主，使中国形成了魏、蜀、吴三国鼎立的局势。这段历史时期史称“三国”，这个局面维持了六十多年，读了《三国演义》，便知其详。

用口下达命令

mìng

命

甲骨文

金文

小篆

命
隶书

命
楷书

古代的“命”字和“令”字是同一个字，都属会意字。甲骨文中这两个字的字形一模一样。上部像个大屋顶或是一把大伞盖，下面是一个席地而坐或是半跪着的人，这个人似乎在规规矩矩地倾听别人对他发出指示，下达命令。

也有人认为，这半跪着的人就是发布命令的人，所以“命”字就是指人在发布命令。

古代“命”字和“令”字的本义都是指发布“命令”。这两个字结合在一起就是指“命令”，可见这两个字渊源之深，结合得多么紧密。后来的金文的“命”字，在甲骨文的基础上加了一个“口”字，表示用“口”发布命令的意思。小篆的字形由金文直接变来，这样，“令”字和“命”字才分为两个字。“令”既表示“命令”，也表示令人兴奋、法令、时令等意义。

“命”字的本义指“命令”，如奉命、请命、使命、受命、遵命。

远古时代的统治者，都把他们发布的命令看得比什么都重要，因此要求听从命令的人都必须把“命令”视同“生命”。所以“命”字由本义引申指“生命”，如命案、命运、命苦、命脉、奔命、薄命、偿命、催命、抵命、短命、非命、革命、活命、救命、老命、卖命、没命、拼命、逃命、天命、性命、命根子、绝命书、安身立命、草菅人命。

“命”字假借指“给与”，如授予名称为“命名”，出题目叫“命题”，给写文章或作书画的人确定主题叫“命意”，指派人担任职务叫“任命”。

生“命”垂危

清朝末年，江西赣州有位名叫马泰山的读书人，他见功名无望，便拜师学艺，当上了测字先生。没几年，他便在赣州方圆百里地带出了名，来求测的人几乎踏破了他家的门槛。

求测的人或自己写字，或从测字先生所备的布袋中拈字来测。有时，测字先生可根据现场的事物或人的动作，迅速作出反应，立即想出论据，跟所测的字结合在一起，来论证他的观点，使求测者心服口服。

马泰山曾为一位在赣州经商的福州人测“豊”字，说这“豊”字里既有山坡坟墓，又有墓前两棵小树，下面还有办丧事的器具“豆”，说明他的母亲已去世了。马泰山测得很准。办完丧事，这福州人回到赣州，逢人便夸马泰山料事如神。

一天，这福州商人的同乡，也接到一封家书，说他妻子病重，要他赶快回去。这福州商人劝他先让马泰山测个字再说，同乡点头称是。

该测什么字呢？两人商量一番，认为这是人命关天的大事，于是就写了个“命”字，赶往马泰山家求测。

两人求测心切，又对马泰山奉若神明，进门后，一见到马泰山，就打躬作揖，以示尊敬。特别是求测的那位，将手中写的字双手捧着，高高举起又放下，递给马泰山。马泰山接过纸，看看上面写的“命”字，又看看两人的脸色，心中有底了。他皱着眉头，大为忧伤地说：“二位不必多言，赶紧回去吧。你们要问的病人已奄奄一息，快咽气了。”

两位福州人大惊失色，忙问：“何以见得？”

马泰山举着那张纸说：“你一进门就举着这张纸对我作揖，上面写着‘命’字，你这是‘持命作揖’，正是‘垂死之兆’啊。”

两位福州人没领会这话的意思，依然是一脸茫然。马泰山乐得细作解释：“你要测的是‘命’字，你这只手刚刚拿的是这张‘命’字，你高高举起，作揖，又垂下手交给我。你垂下的手拿着‘命’字，将‘垂’与‘命’合在一起，便有生命垂危之义，这就是垂死之兆啊。”

马泰山这么转弯抹角地一说，福州商人终于明白了其中的道理。

mō

摸

摸
小篆

摸
隶书

摸
楷书

暗中用手抚摩——摸

“摸”字是个后起字，在《说文解字》中未收录。

“摸”字是个左右结构的形声字兼会意字。左边的提手旁作形符，表示跟人手的动作有关。右边的“莫”字读“mò”，作声符并会意。

“手”与“莫”组合，指“用手轻轻地抚摩”。因是指用手轻轻地抚摩，这跟手的动作有关，所以古人用提手旁作“摸”字的形符。

古人为什么用“莫”字作“摸”字的声符呢？

甲骨文的“莫”字是个形声字兼会意字。上下左右各有一个“木”字，当中一个“日”字，表示日落于树林之中。小篆的字形由甲骨文演变而来，隶变后的楷书写作“莫”。本义指“日落的时候”。

由此分析，“莫”字当为黄昏之义，这就是后来出现的“暮”字。“暮”字表示日暮西山。“莫”字就是“暮”字的本字，是最早的“暮”字。因为太阳下山，一片昏暗，看不清事物，人们只能用手去抚摩来辨别事物，正因为此，才用“莫”字作“摸”字的声符。

隶变后的楷书写作“摸”。

“摸”字的本义指“用手抚摩”。如盲人摸象，摸摸脸，摸不着。

“摸”字由本义引申指“寻找、探索”。如了解底细称“摸底”，在黑暗中摸索称“摸黑”，找到做事的门径称“摸门儿”，试探、寻找称“摸索”。

“摸”字也表示猜测。如约摸、估摸、捉摸。

“摸”字还表示“掏”和“捉”。如摸鱼、摸敌人的岗哨、把沟里的东西摸出来。

莫伸手——摸

南京奇人郑可鉴，以经营旅游公司为业，但他却爱好钻研汉字。他放着老板不当，却把公司交给家人打理，自己甘当导游，成天在外奔波，跟游客们打成一片。在旅游大巴上，有些游客们知道郑导精通汉字，会解字拆字，常常大声嚷嚷，请他“测”字。郑导总是诚恳地回答：“喂，这位朋友，我只是拆字解字说说玩玩，别把我当作靠测字骗人钱财啊。”

人们都回答说：“你也别当真，图个热闹嘛。”

这天，郑导率团去杭州，在高速公路上，有位中年汉子用河南口音大声问：“郑导，快过年了，俺手头缺钱，想抢银行又没那个胆量，我想买彩票，中个大奖，你看能不能摸中大奖啊。”

郑导爽快地说：“你得说个字，我才能测啊。”

这中年汉字说：“就测个‘近年’的‘年’字吧。”

郑导想了想说：“这‘年’字上面是卧倒在地的‘人’字，若是抢银行或当小偷，已经被人打翻在地啦，再也没力气去摸彩中大奖了。再说这‘年’字下面像个‘中’字，但右边又缺一短竖，这就成不了‘中’，用河南话说，你摸彩不中！不中！”

郑导这一说，整个车厢笑翻了天。

笑声刚落，有位山东大汉说：“郑导，咱也想买彩票能摸个大奖，好回家过大年。你就用摸彩的‘摸’字给咱测测看，能不能中大奖？若中了，见者有份，在座各位每人一万块！”

众人鼓掌喊好，要看看郑导怎么测“摸”字。

郑导略一思忖，笑道：“哎呀呀，自古山东出豪杰，这位兄弟出手真大方啊。我劝你把买彩票的钱留给儿子当压岁钱吧。你千万别买彩票，为啥哩？你要我测的这‘摸’字，左边是提手旁，表示你的手；右边是‘莫’字，叫你‘莫伸手’或‘手莫伸’，老天爷已在告诉你，你不可能得奖啦。”话音刚落，车厢里又是一片笑声。

不讲出去的谋略——谟

mó

谟

金文

小篆

隶书

楷书

古代的“谟”字是个左右结构的会意字兼形声字。

先说它是个形声字。很明显，“谟”的左边的“言”字，表示这个字与说话有关，右边是个“莫”字，表示读音。

“谟”的本义表示“计划、谋略”，如宏谟，即远大的计划。

作为会意字，我们不难理解，右边的“莫”，就是“不要”，表示禁止和劝阻的意思。在这儿，“不要”“禁止”什么呢？看来，这个“不要”是禁止“言”，也就是不要讲，禁止讲。因为这是计划，这是谋略、秘密，所以不能讲。没有讲出去，没有泄密，外人和对手不知道，也正因为“莫言”，所以“谟”字才能成为计划、谋略。

汉《张迁碑》

唐·褚遂良

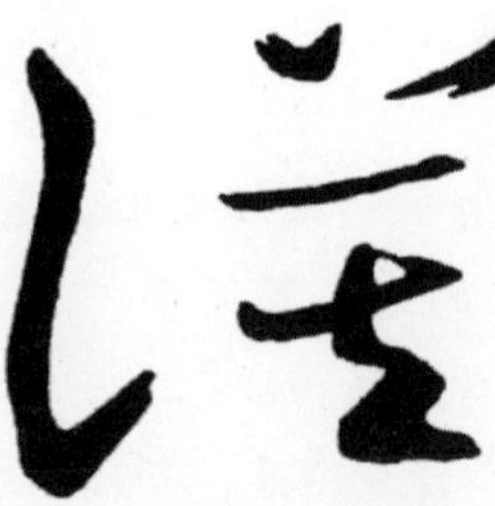

宋·米芾《草书帖》

郑启求梦——谟

有关“谟”字，民间有段“郑启求梦”的故事，颇为有趣。

明朝永乐年间，宁波有一位读书人，名叫郑启。有一年，他准备进京赶考，临行前特意去庙求梦，希望日后能金榜题名。

郑启真的非常幸运，求梦梦到，求神神到。当晚他就做了个梦，梦见一位神附在他的耳边轻声说道：“今年解元，郑启莫言。”说罢，飘然而去。

郑启从梦中醒来，嘴都快乐歪了，心里想：这一定是个大吉之梦，说我今年应考，肯定能中解元，只是眼下必须守口如瓶，切莫张扬。

第二天，郑启信心十足地进京应试了，满以为自己这次定能衣锦还乡，没想到发榜时，榜首赫然写着“郑启谟”三个字，而不是“郑启”。

看着榜单，郑启猛地一拍大腿，恍然大悟道：“郑启莫言，郑启莫言，这莫言哪里是切莫声张的意思，分别是‘言’加‘莫’的‘谟’字呀！”

这年的解元名叫“郑启谟”，而不是郑启。

密而不宣

mò

磨

小篆

磨

隶书

磨

楷书

粉碎谷物的磨子

古代的“磨”字，是个形声字兼会意字。以“石”为形符，表示跟石头有关，以“麻”为声符。两形合一，指“用磨的方法来制作石器”。

古人为什么用“麻”来作“磨”的声符？因为“麻”字有凹凸不平之义，而石器表面大都不平整，需要将其磨平，本义指“磨制石器”，泛指“研磨”。

有人认为，声符“麻”字其实是“靡”（mǐ）字简省的写法。这“靡”字就是我们常说的“萎靡不振”“靡靡之音”的“靡”，也读作“mí”，有“随风散乱倒下”之义。在这儿有分散下垂的意思。“石”字与“靡”字组合，指“粉碎谷物的石器”。用石器将谷物磨碎时，纷纷扬扬地飘下来，这就是“分散下垂”，所以古人用“靡”字作“磨”字的声符并会意。按照这一说法，“磨”字的本义指“粉碎粮食的工具”。

“磨”字是多音字。读作“mò”时，用作名词，指“粉碎粮食的工具”，如磨子、石磨、电磨、风磨、推磨、卸磨杀驴。由本义引申指“用磨来粉碎粮食”，这时当作动词用，如磨面、磨米、磨粉、磨坊、磨豆腐。由此又引申指“转变”，如没完没了地纠缠叫“磨烦”，翻来覆去地说叫“磨叨”；面子上过不去叫“磨不开”。

当“磨”字读作mó时，由“用磨粉碎粮”这层意思又引申指“磨擦消灭”，如磨刀、磨光、磨砺、磨练、磨灭、磨损、打磨、耐磨、研磨、磨刀石、磨杵成针。还假借指“拖延、阻碍”，如磨蹭、磨难、磨嘴、软磨、消磨、折磨、磨洋工、好事多磨。

风水宝地水“磨”弯

自古以来，不少人都相信风水。所谓风水，指住宅基地、家人的坟地等的周围环境、地理形势、南北方向如地脉、山水的走向等。民间认为，风水的好坏，影响其家族、子孙的盛衰吉凶，于是，便有以看风水为职业的风水先生。风水好的地方称为“风水宝地”，为求“风水宝地”，就得找个高明的风水先生。

民国年间，安徽滁州的茶商李元才，要为年近九十的老父亲寻个墓地，特地请南京夫子庙胡铁嘴到滁县山里看风水。这胡铁嘴不仅善测字、懂中医，看风水的本领也甚是了得！

李元才用马车将胡铁嘴带到琅琊山脚一个叫水磨湾的地方，指着山崖滚滚而下的瀑布、郁郁葱葱的山坡、哗哗转动的水磨说：“我想将家父百年之后葬在这儿。先生，你看如何？”

胡铁嘴指着石壁上刻的“水磨湾”三个大字说：“我测字为生，还是以字说话。请你命个字吧。”

李元才迟疑了一下说：“要不测个‘磨’字吧。”

胡铁嘴笑笑：“看样子先生怕这‘磨’字不吉祥吧？其实大吉大利呀。‘广’字头，‘林’字身，‘石’字底，此乃石林无边广阔无垠呀。换个话说，‘磨’字上是‘歷’（历）字头，下为‘磐’字尾，说明该地历史悠久，坚如磐石，有磐石之安，必能造福后世子孙啊。”

李元才听了很高兴，但又担心地问：“这祥瑞之气，不会被消磨掉吧？”

胡铁嘴断言道：“你看这‘磨’字，上面形似墓主，下面的‘石’就是墓前石碑，当中的‘林’字便是墓前林木，这样的情景，跟眼前景色已经磨合，这也预示着人财两旺，富贵两全，子孙受益，你还担心什么呢？”

李元才听了，忙不迭说：“是是是！”对胡铁嘴重金相谢，还亲自将他送回南京。

使人麻木不仁的魔鬼

mó

魔

金文

小篆

魔

隶书

魔

楷书

古代的“魔”字，是个上下结构的形声兼会意字。下面的“鬼”字是形符，表示跟鬼怪有关，上面的“麻”字是声符，读“má”。两形合一，表示“使人麻木不仁的鬼怪”。

古人为什么用“麻”字作“魔”字的声符呢？“麻”字在金文和小篆中是个会意字。外面的“广”字表示山崖。里面的“林”字不应理解为“森林”的“林”，而应看作是植物“麻”的象形，意思指“麻”是生长在山崖的植物。这种麻可以制作成细小的纤维，成为麻线。而鬼怪常从细小处来迷惑人，使人变得麻木不仁，所以“魔”字以“麻”字为声符并会意。

“魔”字的本义指“鬼怪”，如魔怪、魔鬼、魔掌、魔王、魔窟、魔爪、病魔、恶魔、风魔、入魔、邪魔、妖魔、群魔乱舞。

“魔”字由“鬼怪”引申指神秘、奇异，如：魔法、魔力、魔术、魔方、魔杖。

也有人认为，“魔”字只是个形声字。“鬼”字为形符，“麻”字为声符。“魔”字产生于佛教传入中国之后，具体时间，说法不一。有一种说法认为，“魔”是梵语音译“魔罗”的简称，指妨碍修行、破坏佛教的邪恶之神，后引申指“沉迷、被迷惑”，又引申指“怪异、不平常的”。

魔术师说“魔”字

王杰是位著名的魔术师。因为他常在舞台和电视上演出，加上他那弥勒佛般的笑脸，人们一看便能认出他。

这年春节，王杰赴外地演出，在火车上被乘客认出来，大家热烈鼓掌，要他表演一个魔术。正逢新年喜庆，王杰怎能让朋友们扫兴？他伸出一只手说：“哪位借我一元硬币，我要为在场的小朋友变些压岁钱！”人们立即掏出大把硬币递给他，王杰只取了一枚，说：“只要一枚就够了。”

王杰前后左右都挤满了人，几十双眼睛盯着他，他怎么用一枚硬币，变出几枚硬币呢？只见他从口袋里掏出一块手帕，先擦擦手，又卷起袖子，再把一元硬币塞进手帕里，然后朝半空中用力一挥，抖开来一看，一元钱不见了。接着，他把手帕搁在袖口上，然后使劲地揉呀，搓呀，抓呀，不一会儿，他握住手帕，抖出一元钱，还给了主人。又抖出一元钱，送给身边小朋友，再抖出一元钱送给后边的小姑娘……在场的几个小朋友，都得到了一份压岁钱。

在这么多人的眼皮底下，竟变出这么多硬币，真是神奇啊！大家一定要魔术大师教大家这一手，也好回家显显本领。

王杰说：“朋友们，要学魔术，就先得摸透这‘魔’字的写法。‘魔’字上面的‘麻’字可重要啦，它是麻痹之麻，麻木之麻，麻醉之麻，麻利之麻。我刚刚利用掏手帕的机会，已把口袋里的几枚硬币带出来了。又利用把那一枚硬币塞进手帕的机会，把另外的硬币全转移到袖口里啦。我又利用麻利的动作，再利用声东击西、转移目标的手法，你们都被我麻痹了。我就靠这些鬼点子、鬼花样，玩这鬼把戏，就把它们变出来啰。这就是神出鬼没，这就是魔术啊。”

乘客们听了，大长见识，纷纷鼓掌，为魔术师的出色表演和生动演讲而喝彩。

上部是树木顶端——末

mò

末

金文

小篆

末

隶书

末

楷书

金文和小篆的“末”字都是指事字。字形由“木”字和一横组成。“木”字上面的一横不是字，而是个指事符号，指上部是树木的顶端。指出树木的树梢之所在。

小篆的字形由金文演变而来。楷书的字形由小篆演变而来写作“末”。“末”（mò）字上面一横长。“未”（wèi）字上面一横短。“末”字的本义指“树梢”。如末尾称“末梢”。

“末”字由本义引申指“各种事物的末尾”。如一个朝代的最后一代称“末代”，也称“末世”。立秋后的最后一伏称“末伏”。最后、末尾也称“末后”。细节、小节、细枝称“末节”。路途的终点，也比喻没落衰亡的境地称“末路”。最后称“末了”。最后一段时期称“末期”。还有末流、末叶、末日、始末、月末、周末、岁末、本末倒置等词语。

“末”字由本义又引申指“细碎的东西”。如茶叶末、粉末。细小，不重要的称“微末”。碎屑或粉末状的东西称“末子”。锯木头或竹子时掉落下来的细末称“锯末”。还有肉末、药末、芥末、毫末等词。

“末”和“末节”

“末”字指东西的梢，表示尽头，如树梢、木梢。也指不是主要的、根本的事物，跟“本”相对。如舍本逐末、末节。

说起“末节”一词，有个典故，很有趣，也令人深省。

唐朝大书法家中，除了颜真卿，还有一位柳公权，柳公权是进士出身，曾任四个朝代的翰林侍读学士、中书舍人，后又升任谏议大夫等职。

在书法上，柳公权与长他近七十年的颜真卿并称“颜柳”。当时他的书法价值极高，公卿大臣家的碑板若不能得柳公权手书，被人认为是不孝。柳公权为人正直，身为谏议大夫，他对皇帝有话直说，从不转弯抹角，是个直率敢言的诤“zhèng”臣。

有一天，唐文宗李昂退朝后，跟几位大臣在花园亭子里闲谈。谈兴正浓时，唐文宗举起衣袖让大家看，不无自夸地说：“朕这件衣裳已穿三年了。”言下之意自己生活节俭，显得颇为得意。

众大臣听了，纷纷赞扬，说皇上有节俭之美德，是天下百姓的榜样。在众人赞扬时，只有柳公权端坐着，一声不吭。唐文宗颇为意外，问道：“柳爱卿为何闷声不响？”

柳公权其实一直在观察思考中，见文宗帝发问，他站起身，直率而又恭敬地答道：“回圣上。以微臣之见，陛下身为一国之君，吃美食，穿锦衣，这是理所当然之事，天下财富，尽皇上享用。对皇上来说，最要紧的是治理好朝政，使百姓安居乐业，衣食无忧，至于皇上穿一件旧衣服，那不过是末节罢了。”完罢，他站立不动，一直盯着文宗，看你如何回答。

唐文宗他自认为自己是一国之君，能做到如此节俭，也算是难得了。但细想，柳公权说得也在理，一国之君要管理的是国家大事，穿件旧衣服，何足挂齿！又何必沾沾自喜？百姓能丰衣足食才是大事啊。想罢，他点头认可。过了几天，唐文宗下旨，任命柳公权为谏议大夫。

柳公权在劝解唐文宗时所说的一段话中，最后提到“那不过是末节罢了。”其中“末节”一词指“小节”，指日常生活中细微的、无关紧要的，或是很琐碎的事。后来就发展成成语“细枝末节”“细微末节”。

mò

茉

白色的茉莉花

“茉”字是个上下结构的形声字。上面的草字头为形符，表示与花草有关，下面是个“末”字，读“mò”，是声符。

“末”字是个指事字，由“木”字和一横组成，“木”代表树，树的上端用一横表示部位。“末”的本义指“树阴”，泛指实物的顶端、末尾，引申为“不重要，细微的碎末”。在“茉”字中，只表示读音，不表示别的意思。人们往往把“末”字写成“未”字，这就是错字了。在“茉”字中也要注意，它们的区别在于上下两横的长短不一样。“未”字上短下长，“末”字上长下短。

“茉”字的本义指“茉莉”。

“茉莉”就是一种常绿灌木，叶子呈椭圆形，有光泽，开白花，古代也写作“末利”。

“茉”字由本义又引申指“茉莉花”。这是一种白色的花，香味浓郁，可供观赏，人们常用它来熏制茶叶，称为“茉莉花茶”，很受人们的欢迎。

金文

小篆

茉

隶书

茉

楷书

【瓦当欣赏】

秦汉瓦当

“茉”莉花变莱莉花

“好一朵美丽的茉莉花，茉莉花开香万家……”这首江苏民歌，我们耳熟能详。那美丽的歌词，动听的旋律，在世界各地回响。

与茉莉花齐名的，便是名扬四海的茉莉花茶。这茶叶经茉莉花熏制后，泡出的茶香气扑鼻，喝在嘴里更是清香爽口，所以中国的茉莉花茶享誉世界，远销欧美各国。

话虽如此，但今年茉莉花茶在东南亚市场却呈滞销趋势，这下，茶场营销总监老李坐不住了，他带了一批人到东南亚考察，得出的结论让他啼笑皆非。原来当地的华人和华侨，说这“茉莉”二字不吉利，听起来好像是“没利”，也就是无利可图，发不了财，还有人说成“末路”，又好像走上绝路了。总之，听着这个名字，再好的茶，喝在嘴里的味儿也怪怪的，心里抖抖的。

老李回到茶场，经过多次研究，决定推出一种新产品，它应该是茉莉花茶的姐妹产品，与茉莉花茶有同等品质，但名称叫起来更响亮，也吉利。

老李和员工们集思广益，还搬来《辞海》《辞源》，翻找最美妙的字。有人说“得莉花”，也有人说“大莉花”，还有人说“多莉花”，老李觉得都不妥。忽然，他在字典中看到个“莱”字，不由一拍大腿说：“对，茉字加两点，就叫它‘莱莉花’！”

可不，这“莱”字与“茉”字相似，但读音响亮，又有“来利”之意。果然，当它一上市就因质量高，又有好口彩，销量一路攀升。

太阳落在草木中——莫

mò

莫

甲骨文

金 文

小 篆

莫
隶 书

莫
楷 书

甲骨文和小篆的“莫”字都是会意字，上面是草字头，下面是个“日”字，也有的写成上下都是草字头，中间是太阳，表示太阳西下，落在草木之中。“莫”的本义指太阳将近落山的时候，表示“天”快黑了，也就是“日薄西山”。后来“莫”字被借作它用，表示“不”、“不可”，人们就专门造了个“暮”字来代替“莫”，由此可知，现今的“莫”字是“暮”字的本字。

“莫”被借用于否定性不定代词用，表示没有哪样东西、没有谁，如：莫名其妙、莫不、莫大。

“莫”又借作否定副词用，表示不、不要之义，如莫如、莫衷一是、一筹莫展、莫哭、请莫见怪、莫须有。

“莫”，也表示揣测或反问，如莫非、莫不是。

“莫”也是个姓。

东晋·王羲之

北魏·郑道昭《郑文公下碑》

唐·褚遂良

唐·褚遂良

宋·米芾

孔子将“墓”写成“莫”

成语“助纣为虐”，说的是商朝末年，出了个暴虐无道的昏君叫纣。他穷奢极侈，嗜杀成性，惨无人道，满朝文武没人敢说他半个“不”字，因为那样要招来杀身之祸。

纣王有个同宗兄弟名叫比干，他常指出纣王的错误，劝他改正，纣王非但不听，竟下令将比干剖腹挖心，凌迟致死。

比干死后，葬在现今河南卫辉市城北的一座山中。比干墓的墓碑上，隐约可见“般比干莫”四个字。不知底细的人真不明白，这四个字是什么意思？

据说，这墓碑是孔子写的，而且是孔子存世的唯一真迹。他为比干写了墓碑，但为何将“墓”字写成“莫”字？“墓”字下面那个“土”字为何不写呢？

传说，孔子对比干仗义执言、宁死不屈的精神十分敬佩，当他周游列国，到处讲学时，特地带着学生，到比干葬身之地凭吊，并用手中宝剑，在墓旁的一块石头上刻下“般比干莫”四个字。“般”，指朝代名称，商朝也称般，或称般商，指比干生活的年代。他认为，比干的道德，可配天地；他的英灵，乃取大地之土而葬，于是有意把“墓”字下面的“土”字不写，而成了“莫”，所以才有了今天人们见到的“般比干莫”四个字。

缺乏水份的沙漠

mò

漠

小篆

漠

隶书

漠

楷书

“漠”字是个左右结构的形声字兼会意字。左边的三点水表示跟“水”有关。右边的“莫”字读“mò”，作声符并会意。这两个字形组合在一起，指“草木不生，严重缺乏水份的沙漠。”因为沙漠几乎没有什么水份，所以古人用三点水作形符。

古人为什么用“莫”字作“漠”字的声符呢？因为这“莫”字是“暮”“mù”字的初文，是最早的“暮”字，指太阳落到草丛中，已是傍晚时分，这段时间日光昏暗，看不清事物。而沙漠中刮起风沙时，也是茫茫一片，什么也看不清，所以古人用“莫”字作“漠”字的声符并会意。

楷书的字形由小篆演变而来，写作“漠”。

“漠”字的本义指“沙漠”。“沙漠”指地面被沙所覆盖，缺乏流水，气候干燥，植物稀少的地区。

大沙漠称“大漠”，广大空旷称“广漠”，荒凉而又漫无边际称“荒漠”。

“漠”字假借指“冷淡、不关心”。如漠不关心、漠然、冷漠、漠视，都是指不关心，没兴趣去过问。

“淡漠”指“不热情，冷淡”。也指“印象不深，很淡薄”寂寞、冷落也称“落漠”。

“漠”不关心属犯罪行为

“漠”字表示冷淡。“冷漠”指对人或事物冷淡。成语“漠不关心”就是指对跟自己不相干的事视而不见，毫不关心。“漠然”“漠视”“冷漠”“漠不关心”这些词我们都很熟悉。在日常生活中，这种现象并不少见，见多了也不足为怪，很少有人会将这些词跟“犯罪”二字联系上，没人会想到冷漠的旁观者会作为罪犯被绳之以法。在现代人看来，如若有谁见死不救或遇到灾难绕道而行，人们只会在道义上予以谴责，本人在良心上自责，而不会担心惹上官司，逮捕法办有牢狱之灾的。

若穿越时空，回到唐朝，可就不大一样了。那些事不关己，漠不关心的旁观者则会受到法律制裁，这个罪定名为“冷漠罪”。

唐代制定的《唐律疏议·贼盗律》规定，凡是发生盗贼抢劫或杀人伤人的案件，被害之家及周围邻居都必须立即向官府报告。这周围邻居分为两等，一是紧靠的邻居称为“同伍”，五户为一伍。邻近的五户为“比伍”。如若这些人“当告而不告，杖六十”。当罪犯劫持人质时，“部司及邻伍知见，避质不格者，徒二年”。就是说凡看到罪犯劫持人质时，现场的警察和邻居不冲上前去与罪犯搏斗解救人质，都属犯罪，将判刑两年，或关押，或服劳役。

《唐律疏议·捕亡律》规定，若捕快，即今日之刑警，在追捕罪犯时，刑警受伤或势单力薄无法制服罪犯而求助于在现场的行人时，“其行人力能助之而不助者，杖八十。”这里规定得很具体，指你能相助而不相助，必属犯罪，将被打八十大板。

法律规定，邻居之间也有挺身而出抓捕罪犯的义务，“诸邻里被强盗及杀人，告而不救助者，杖一百；闻而不救助者，减一等。力势不能赴救者，速告随近官司，若不告者，亦以不救助论。”《唐律疏议·杂律》规定，“诸见火起，应告不告，应救不救，减失火罪二等”。这就是说，失火属犯罪行为，见失火不报不救也属犯罪，但罪行减二等。若失火罪判两年徒刑，不报不救者判一年。以现在的观点来看，这“冷漠罪”也够严厉的。

烟囱里的烟苔——墨

mò

墨

金文

小篆

隶书

楷书

古代的“墨”字是个上下结构的会意字，它上面是“黑”，下面是“土”。

“土”，表示在地上，这好理解，上面的“黑”是什么意思？这就要作番分析了。

“黑”字在金文和小篆中是个会意字，它由“囱”字和四点组成。上面的“囱”，是古时的“窗”字，那时窗户开在屋顶，既采光，又出烟，即便是现在一些民居仍然在屋顶开天窗，使屋内的烟好排出。下面的四点即“炎”字，也就是火，地面上的燃料燃烧后，产生的黑灰上升飞向窗口，日积月累，会在窗子的通道里，堆积成黑灰，这就是烟苔，也就是“墨”。

“墨”的本义就是指“烟囱里的烟苔”。这个“苔”字用在这儿，就是说像苔藓植物的苔衣一样，上面有那么薄薄的一层烟灰。

这些烟苔是黑色的，用水调和，可以当作写字画画的颜料，后来用这种黑炭做成了“墨”。由墨也就产生了墨汁、墨水、油墨。

墨是黑色的，由此引申为“黑色的”，如墨镜、墨汁、墨菊。

字画是用墨来写和画的，所以也把字画称之为遗墨、墨宝。

舞文弄“墨”，胸无点“墨”，其中的“墨”字指的是用黑墨写出来的文章。

寸土不让——墨

民国年间，东北军阀张作霖应邀参加一个宴会。席间，有个日本名流听说张作霖大字不识几个，便拿出笔墨，皮笑肉不笑地请他题词，想让张大帅当众出丑。

张作霖也不推辞，提笔写了个大大的“虎”字，然后落款“张作霖手墨”五个字。不料，他把“墨”写成了“黑”字。秘书一看，忙小声提醒：“大帅，您的‘墨’字少了一个‘土’，成‘手黑’了。”

张作霖一看，自知写错了字，他灵机一动，眼一瞪，大声说：“我还不知道‘墨’字下面有个‘土’吗？这是写给日本人的，能加‘土’吗？这叫寸土不让！”

舞文弄墨